Versos de la otredad

∞

25 poetas santiagueros

Copyright © 2023 Ediciones Laponia, LLC
Todos los derechos reservados.

Título: Versos de la otredad, 25 poetas santiagueros
Whigman Montoya Deler (Compilador)

Edición y corrección:
Whigman Montoya Deler
Juan Manuel Alsina Milanés

Maquetación y diseño de portada:
Jorge Venereo Tamayo

Prefacio de:
León Estrada

Todos los derechos reservados. Publicado en los Estados Unidos de América por Ediciones Laponia, LLC. Prohibida la reproducción total o parcial de este libro sin autorización previa de los autores.

Información de catalogación de publicaciones disponible en la Biblioteca del Congreso de los Estados Unidos.
LCCN # 2023945930

ISBN 10: 1-7365719-4-X
ISBN-13: 978-1-7365719-4-1

info@edicioneslaponia.com
www.edicioneslaponia.com

Ediciones Laponia, LLC
Impreso en los E.U.A., 2023

Versos de la otredad

25 poetas santiagueros

Whigman Montoya Deler
(compilador)

Ediciones Laponia

Notas del compilador

Una antología poética que sólo recoge a poetas santiagueros que nunca habían sido antologados bajo esta categoría, sin importar si son residentes o no, incluso, si no son santiagueros de nacimiento, mas sí adoptados; suma, ¡y mucho!, a la historia de la literatura escrita en esta ciudad del oriente cubano y a la poesía contemporánea. Conozco de las dificultades que muchos poetas tienen para acceder al mundo editorial tanto dentro de la Isla, como fuera de ella y de la poca visibilidad que esto conlleva; también sé que, en la ciudad de Santiago se conoce muy poco de aquellos paisanos que viven fuera de Cuba y que se mantienen activos en el mundo literario. Por eso la directiva de Ediciones Laponia LLC, una casa editorial independiente radicada en Houston, Texas, quiso brindarles un espacio a estos 25 autores. Nos dimos a la tarea de hacer una convocatoria y enviarla a algunos poetas conocidos, que a su vez se la enviaban a otros. También la publicamos en sitios webs y blogs relacionados con la ciudad y los escritores santiagueros. Se recibieron confirmaciones, textos y luego decidimos que serían 25 poetas quienes conformarían la antología; supimos de algunos poetas que podían haber participado y decidieron no hacerlo.

La antología no está ordenada teniendo en cuenta promociones o generaciones literarias, pero hay algo que nos une a todos: no éramos parte de un todo. Ahora, ya somos 25 poetas santiagueros y una antología.

Whigman Montoya Deler

Prefacio

I

No ha sido habitual que las antologías que han recogido la obra poética de autores de (o en) Santiago de Cuba (acaso tampoco en ninguna ciudad de nuestro Archipiélago), asuman que los prefacios, prólogos o introducciones son necesarios, no solo para explicar estéticas o motivaciones generacionales, sino para *deconstruir* —si esto fuera posible, pero nunca "explicar"— el buen hacer de autores que escriben, o son movidos a hacerlo, desde las particularidades de una región o territorio de la Isla que, por diferentes razones, contrasta con otras áreas o espacios. Lejos de mi interés intentar sugerir —o persuadir— al fiel o probable lector de que existe un "modo santiaguero de escribir poesía", aun cuando existen disímiles y suficientes elementos que pudieran demostrar dicho enjuiciamiento y ser valorados en ese estricto sentido.

Me explico, y es un paradigma al que siempre recurro, Reynaldo García Blanco (1962) es un poeta espirituano que se trasladó a Santiago al iniciarse la década de los 90 del siglo XX pasado. Él tuvo que vivir —y experimentar— Santiago de Cuba para que su obra mostrara las claves o elementos justamente vinculados a esta parte del país, aún de modo inconsciente, porque García Blanco "descubre" el mar santiaguero, incluso ese mar agreste y encerrador de nuestra bahía, lo que sin duda, para él constituyó un descubrimiento, ahora muy notable en su "poesía escrita en Santiago". Y por supuesto, ha vivido los últimos treinta y tantos años en la ciudad profunda, rozando con el carácter santiaguero, diferente de aquel de la antigua ciudad sin mar desde donde vino. No por ello, considero, ha dejado de ser el poeta nacido en Venegas, conocedor, acaso, del mar del centro, del mar de Trinidad.

Otro tanto podría decirse —y ya no aludo al mar, aunque pudiera— del guantanamero Marino Wilson Jay (1946-2021), trasplantado en la ciudad en 1970, y aunque Guantánamo y Santiago apenas se diferencian en lo esencial en tanto ciudades orientales del sur caribeño, Wilson se erigió en poeta santiaguero distinguido, tanto como Efraín Nadereau Maceo (1940) y Jesús Cos Causse (1945-2007) ... O qué decir del villaclareño Waldo Leyva Portal (1943), autor de la más bella, legítima y exacta definición de Santiago de Cuba... que se fue a La Habana en los años iniciales de la década del 80. Hay esencias que van más allá del lugar de nacimiento y residencia. Definitivamente Santiago no deja a nadie indiferente, y mucho menos a los poetas.

Las antologías las hacen gentes que consideran que los textos escogidos y ordenados llevan en sí un hilo conductor, una dramaturgia interna quizá, una curaduría, como en las exposiciones de artes visuales. De ninguna manera cuestiono ahora la inclusión de los poetas mujeres y hombres que integran la selección, quienes se diferencian entre sí porque no todos nacieron en Santiago de Cuba, no todos comparten generación, mas ninguno se parece estéticamente, aunque compartan señales y vivencias iguales; creo que esa es la primera y fundamental ganancia de *Versos de la otredad*.

Y es bueno que hayan sido incluidos el lugar y el año de nacimiento, el sitio del planeta donde reside en la actualidad cada poeta antologado, así como una ficha curricular referida a su trabajo con la poesía, los premios obtenidos y los libros publicados, pues aunque esto no se crea significativo o definitorio, dichos datos ayudarán en el futuro a los investigadores literarios a delimitar etapas, generaciones, tendencias, y a poder insertar a los poetas de la mejor y más completa manera posible en libros referenciales como diccionarios y estudios, y a otros probables antólogos los va a ayudar a conformar *otra visión* de la poesía de la que ahora mismo no somos conscientes, pues su sentido estricto está en un devenir desconocido.

Para no ser injusto, no voy a convertir estas palabras en una ristra de "apreciaciones formales" acerca de la poesía de todos y cada uno de los antologados, pues a algunos los leo por primera vez e intentaré valorarlos de igual manera, pero como conozco a la mayoría, prefiero valerme de mis recuerdos personales en función de la evaluación de los textos ahora publicados, o de aquellos que conserva mi memoria. Los 25 poetas que presento son "brujos de la tribu", como diría el inolvidable hermano Wilson, y son también, digo yo, *obreros de la palabra* con propuestas atendibles. Así, pues, me aventuro placenteramente a justipreciarlos, aunque sea de modo apretado e impresionista:

II

Edilberto Rodríguez Tamayo (1954) es un poeta de larga trayectoria, no conozco en qué justo momento vino desde Moa a residir en Santiago, no obstante, trajo consigo su tono poético, bien definido ya desde los años 80. Pero como el tiempo es otro y Cuba es distinta, es visible en su poética una profunda mirada al entorno social, que no denuncia, sino que testimonia la crisis moral de la ciudad que ha elegido para vivir. Y es bueno que así sea, pues el ejercicio poético desde la experiencia no solo observa, también evalúa y define.

A **Luis Milán Fernández** (1972) lo conocí cuando estudiaba Medicina. Poeta noble y sincero, en tiempos del Taller Juan Marinello de la Facultad de Ciencias Médicas no observé en él demasiado interés por lo lírico. No obstante, cuando fue premiado en los Juegos Florales de 2009 con el texto —atrayente entonces y ahora antologado— "Los que se quedaron sin nacer", me sorprendí satisfactoriamente y me alegra haberme equivocado. Hoy vive en Estados Unidos.

Osmel Valdés Guerrero (1971) es un poeta que se ha fraguado alrededor de un grupo de creadores de valía que, desde Contramaestre han sabido, a golpe de talento, arrojo e inteligencia, descentralizar las hegemonías verbales de las "grandes" ciudades. En otra parcela ha asumido la décima —y el soneto, tan difícil de lograr— con magníficos resultados. Por lo pronto, los textos antologados lo muestran fiel a una estética que evidencia un enfoque ético estricto e indiscutible, único modo, en estos días, de ser ecuánime.

Jorge Matos (1965) no es un escritor estridente con una propuesta apabullante y ruidosa, él ha preferido escribir desde lo sensorial y desde su entorno. Se muestra ahora con textos que van hacia la brevedad y la concentración, que es como mejor se le da, y no al deleite (engañoso) con la palabra o la amplitud-extensión del poema. Matos no es prolífico, por tanto, va siendo hora ya de publicar otro poemario.

Domingo González Castañeda (1967) cuya obra se escribe también desde la periferia, es un poeta que, con las mismas preocupaciones sociales de sus contemporáneos, escribe y soporta una circunstancia que no le es posible cambiar porque está detenida. La confusión es un triunfo paralizante. El hombre-poeta conoce, por eso ha escrito estos poemas desgarrados que, a pesar de todo, iluminan.

Iliana Rosabal-Pérez (1970) es poeta del intelecto, no solo por formación, sino porque es notable su bagaje de lecturas, su trabajo con el lenguaje y el idioma. Su madurez es evidente. Y reitero: "de concentrada fuerza y gran capacidad de laboreo con lo expresivo, no nos deja indiferentes, antes bien, su compromiso con la palabra poetizada lleva en sí el impulso de un arte ya conquistado por esta voz-mujer, diferente y diferenciada, la que con agudeza y oficio comunica, seduce y emociona".

Marieta Machado Batista (1975) es una poeta de la actualidad santiaguera, vencedora en los Juegos Florales de Santiago de 2023, su cuaderno "Tiempo de doldrums" es de un descarnado realismo en el que podrán ser halladas algunas claves del pasado cubano más reciente —léase revisión/repercusión de las Umap—, tamizadas por la vivencia que, no por serle cercana, resulta menos descarnada y atroz. De proponérselo, Marieta se podría convertir en una recia voz, pues fuerza expresiva no le falta.

Yulexis Ciudad Sierra (1977) reside en Brasil, pero antes vivió en Baire, en Bayamo... Su poemario publicado, *Casa de insomnio* (2006), trajo una voz de mujer, atrevida en su propuesta, al estar "cercada" por los varones del grupo Café Bonaparte (cómo no evocar a Eduard, aglutinador, necesario, muerto tan temprano), y en efecto, voz de *frescura*, con intención reivindicativa feminista, no se propuso desbordar los atrevimientos de otras poetas de su generación, pues su estro cede espacio a evocaciones y homenajes.

Dicen que **Anisley Díaz Boloy** (1984), que vino de Songo a vivir a Santiago, se ha marchado a residir a La Habana. De ella recuerdo la utilización caótica del "automatismo psíquico" en sus primeros poemas. Leo ahora (para bien) la reelaboración de esos mismos textos y es evidente que con el abandono del episodio surrealista ha conseguido mejores resultados en cuanto a tono y concentración del mensaje-discurso. Enhorabuena.

Gizeh Portuondo Vega (1980) es fundamentalmente narradora y se "estrenó" en serio con la poesía al obtener el premio Emilio Ballagas (2019) con *Notas lectivas* (2021), conjunto de breves prosas poéticas en las que, de modo descarnado y efectivo, con un discurso de actualidad sin aspavientos, deconstruye disímiles actitudes humanas y situaciones límite. Los textos antologados no forman parte de *Notas lectivas*, pero podrían, toda vez que contienen el mismo aliento y un alto grado de elaboración poética.

Yorisel Andino Castillo (1983) está escribiendo ahora mismo una poesía sumamente reflexiva, y digo más: "explosiva". Toca de modo fiel y verídico la fibra actual de la sociedad cubana. Alrededor de una *jabita de nailon*, que puede ser —porque lo es— un elemento común y vulgar al que nadie jamás pensó convertir en protagonista, Yorisel asume un discurso de una crudeza irrefutable, aun cuando hasta podemos —¡poderes que tiene la poesía! —, sonreír con la inobjetable lucidez de sus versos. Ya es momento de que la poeta publique un poemario en solitario, pues el salto cualitativo es indiscutible.

Eriakna Castellanos Abad (1984) es otra poeta de nuestra actualidad, sobre todo a raíz de su nuevo galardón en los Juegos Florales de 2022 —lo había obtenido antes en 2007—. No ha habido transiciones esenciales (aunque sí un ímpetu al enfrentar lo lírico) entre *Anatomía urbana* (2010) y su cuaderno inédito, "Los rostros de un país", aun cuando también son otras (y nuevas, y sorprendentes) las circunstancias —y las corrientes— que impulsan su poesía. Y es que la ciudad, los destinos, los valores y los altibajos sociales son otros, aunque ella sabe pulsar esas cuerdas.

Saraí Soler Jordán (1990) se nos presenta con un texto (de arte menor), dividido en diez partes irregulares, y se mueve entre lo sublime y lo erótico a ratos, pasando por la confesión elocuente, hasta convertirlo en descarga de cierta dureza; son versos a veces existenciales que hacen de su poema una muestra híbrida que solo la deja entrever en tanto autora, es decir, ella no se muestra en todo su esplendor, acaso porque un único texto no es suficiente.

En la poesía (lacónica) de **Lisbeth Lima Hechavarría** (1995) es posible apreciar que se emparenta con lo narrativo, género que de igual forma escribe y en el que, posiblemente, a juzgar por los libros que se propone editar —o ha editado—, logre resultados inmediatos. Es notable, entre las voces de la antología, su trazo femenino de amante y de mujer —en la posibilidad de parir, de dar vida—; son textos que comunican, y ello, desde todo punto de vista, es positivo.

III

En esta parcela del prefacio me referiré a los autores antologados a quienes leo por primera vez, porque, además —excepto a Aliuska—, tampoco los conozco personalmente. Lo dicho no justifica que no dedique a todos y cada uno algunas líneas valorativas de los textos que nos proponen. Se podrá entender entonces esta peculiar división que he hecho en tres apartados y en un orden poético más o menos aleatorio.

A **Aliuska Ponce de León** (1979) la conocí como narradora en el siglo XX pasado, aunque sabía que escribía poesía. Es tunera, pero reside en Santiago de Cuba. Ella propone textos breves y concentrados que abarcan gamas que van desde lo reflexivo hasta lo íntimo, pero siempre como testigo de las acciones poetizables.

Miguel Aroldo Osoria Rodríguez (1948) se presenta con una poesía de dureza verbal, casi monolítica, que se muestra tal como es, desnuda y liberada de cualquier obstáculo que impida su exacta comprensión. Enjuiciadora y mordaz, no dejará indiferente a quien la lea, aun cuando el sarcasmo no sea otra cosa que la más estricta verdad de los días que corren, asunto que no podrá negar ni el más utópico.

Por su parte, **Whigman Montoya Deler** (1973) es también autor de versos duros, para nada excesivos, él es un poeta que "habla claro", no un simple transeúnte. En algún momento asoma, porque lo asume, un discurso (no velado) en el que la propia dureza y el homoerotismo se evidencian en feliz conjunción expresiva. Cronista de tiempos que plantean otros derroteros más o menos liberales, sobre todo en lo referente a la Isla, su propuesta descarnada vale.

Carlos I. Naranjo (1975) conmociona (y emociona) al centrar su atención en el niño emigrante —Alan Kurdi—

muerto/ahogado en una playa europea, y cuya foto recorrió el planeta como denuncia de una situación límite, para nada ajena al entorno cubano-caribeño y sus circunstancias. Además, enfoca sus versos hacia temas culturales de amplio espectro. Hoy reside en Estados Unidos.

El poeta **Marcos Antonio Hernández Arévalo** (1986) se muestra aquí con décimas logradas, él puede invocar (e involucrar) a la deidad suprema en un discurso interior en el que la lucidez prima por encima de las metáforas y las conveniencias de la composición. Más que vocero o elemental espectador es testigo.

Carlos Manuel Villanueva Madrigal (1988) igualmente escribe décimas y sonetos, entre otras propuestas. Trae su poesía cierta proyección y un notable trabajo, más hacia el ritmo (el sonido casi perfecto) que, a la significación, aun cuando logra con objetividad ambos procesos, difíciles de conjugar.

En **Mailin Castro Suárez** (1988) el desarraigo y la emigración son *leit motiv* de la joven poeta. Alta capacidad, traducida en buen oficio en una autora que logra, entre sus remembranzas (algunas infantiles), un texto en el que aborto-ruptura son claves sociales de suma pertinencia en nuestra cotidianidad.

En los textos de **Ana Lisandra López Méndez** (1988), se evidencian rasgos performáticos y teatrales y, a la par que homenajea a importantes escritoras suicidas, se involucra, quizá sin proponérselo, en cierta renovación literaria, no con las estructuras que ya existen, sino con un individual estremecimiento.

Yang Tsé Bosque Hung (1997) es un poeta indócil que explica, desde su experiencia y su conocimiento, cuánto dolor se oculta y cuánto mal se transfigura en las perspectivas que pudieran ser tomadas como normalidad. Discursivo en su hondura, no puede obtener ninguna respuesta, por eso escribe y por eso pregunta.

El poeta **Daniel Faxas Mojena** (2002) es él mismo un *outsider* cuyos textos mantienen una unidad conceptual en sus concisas interioridades. Las huellas de su andadura vital se extrapolan en caballo de Troya, Luna, un gato... es un poeta joven del que emanan inquietudes acertadas, las que le recomiendo desplegar con energía.

Y, por último, **Geyler Mendoza Sánchez** (2002) es autor de una poesía sentenciosa e incisiva para nada oficiosa. Como buen hijo de su tiempo, emplaza y exhorta a quienes han preferido mirar hacia otro lado y no ver que las realidades superan cualquier reservorio ideológico mental.

Y ya, nada más, la poesía es mejor que el silencio, y como ha sido un placer enfrentarme a tantos versos, leamos la poesía que nos proponen estos *25 poetas santiagueros de la otredad*.

Buen provecho, lectores.

León Estrada
en Santiago de Cuba, esta ciudad,
julio-agosto, 2023

Miguel Aroldo Osoria Rodríguez

Nada les impidió

> Las cosas no son como las vemos
> sino como las recordamos.
> Valle-Inclán

echar al bolsillo los grados que de la foto
le quitó al general;
quintuplicar el área destinada al camposanto;
hacer de la campiña la pendiente
por donde rara vez viajan
la brisa,
      el tren;
que de hacerlo va silente,
sin vagón,
      pasajeros,
           ni equipajes;
administrar la necesidad,
           el mendrugo,
el oscuro resplandor del hoy;

levar el muro tras el cual
duermen los tiburones.

cuando el clamor de los muertos
deshizo el canto
del sueño espejado
        el mentis
           el halago
nadie les impidió
hundirse en sus pieles,
cambiar de bando.

Daltonismos...ismos...ismos...

> Vengo de una parte innombrable.
> Antón Arrufat

Mi patria es la contradicción
ha dicho el poeta.
Cuántos sufijos para no saber
dónde el error de la llama que no olvida
la balanza del elefante
negado a procrear en cautiverio.
Un choncholí verde, coño, a veces rojo.
Mi patria es la contradicción
ha dicho (sin sufijos) el poeta
y qué con el hombre al que agradecer
las llagas o la muerte,
los años perdidos o la muerte,
la vida a ratos o la muerte,
la muerte perenne o la muerte
la inutilidad del verso o la muerte
la patria o la muerte os contempla orgullosa.
Choncholí se va pa'l monte
¡Cógelo coño! ¡Apunten!
¡Fuego coño! que se va
Mi patria es la contradicción
y lo que está fuera de ella
se va.
Coño, se nos va.

Temporal

> Algún día yo también seré de piedra y
> el tiempo se romperá contra mí.
> Dulce M. Loynaz

De otoño a otoño
la brújula en la mente.
La fruta es la mirada
esencia y verdad
contra el filo,
contra el muro del silencio.
De otoño a otoño una oración
sincopada
para el dios envilecido
que con las mismas cadenas
de otoño a otoño atraviesan
la masa gris
de nuestras cabezas

Maestro

> Hay que ser cívico, compadre
> ¿Qué puede pasar?
> ¿Qué nos den cuatro tiros?
> J. Soler Puig

Para mejorar nuestra dicción
él inventó un jueguito
tú y yo
en las hojas de papel
que nos traía.
Primero las palabras claves
siga
sonría
soga
suave.
Luego largas oraciones con
ver
verde claro
ver de luto y
el abc del gatillo que
en su voz sonaron bien.
Él, posesivo insistía,
se reinventaba
tú y yo
sin comprender.

Él, en cambio
dicta
dicta
dicta.

Desesperanza

> Una herida más honda
> que la soledad.
> Paul Eluard

No vale
el gesto que reduce el horizonte.
A cada cristal su verdad
y en un imán dos polos.
No mienten la Palabra,
el ojo manso del huracán,
un país huyendo de sí,
la fe que da sabor a la naranja,
la mirada sin luz
del que siente miedo,
el aletear de un pez en la arena.
Y, es a este
reservorio de hematomas
a quien preguntas
¿cómo?
para que el cuchillo murmurador
no te haga trizas la piel.
De veras, lo siento
hoy tampoco podré
usar mi propia voz.

Quinto jinete

> A los linderos del monte
> se ha de entrar
> despacio.
> Despacio.
> Reynaldo García

Quiero que no sea verdad
esta visión de patria
tirapiedra de alcance universal,
cachumbambé con un solo brazo
donde el niño juega a ser ajeno
yo, aquel
el otro
el otro
yo, cualquiera.

Quiero pensar
en un sorbo mañanero que
borre al que
con sabores aferentes, aparentes
diferentes e indiferentes
insanó la metáfora del verso.

Quiero y no puedo
aparentar docilidad
entre estas paredes

donde agoniza la luz
que aún no puede
cabalgar este poema.

Hacer ley, hacer trampas

> La historia pierde sentido y
> no habrá quien la remiende.
> Eduard Encina.

Padre ¿qué es legalidad?
un animal me responde
gata que tira y esconde
la piedra de la verdad
que salva a quien con maldad
hurta, roba, mata, engaña
asesina, arrebata,
anda a su antojo maldice
asesina contradice
habita en cuna de rata.

Edilberto Rodríguez Tamayo

Otros significados

Te lo juro:
la palabra muro
es demasiado extranjera.
Isla puede ser una idea
rodeada por todas partes;
                comparte
que la nostalgia
es el acoso de estos años.
        No te engaño,
la muerte es un abrigo imantado.
Repite conmigo, si digo:
incendio,
es para sumarle
el que llevamos en los ojos.
             El enojo,
algo que casi nunca alcanza.
Esperanza,
la prefiero, parece que conviene:
arteria azul latiendo en las sienes.

¿Verdadero o falso?

No es la forma extendida del ocaso
                       por eso paso
es decir,
         golpeo sobre la mesa.
Hay una luz primeriza
       que sintetiza
la última hora de la tarde
que ya casi no arde.
Me interesa
         por eso volteo la cabeza
(la ventana es el ojo de la casa)
quiero ver los colores
con que cierra el día.
Amarillo delantero no es alegría
rojo, azul o negro es
lo que viene después:
transeúntes apurados
            estresados.
Casi de noche pasa un coche
con un caballo cansado.
Seres incoloros
              presuntos difuntos.
(El del diente de oro que ríe es otro punto).

También hay amigos, no lo discuto.
Veo un rostro casi asesino
que voló hace dos noches
sobre el techo del vecino
se parece al del coche
       con el caballo cansado.
¿Todo es real o imaginado?
¿La visión es real o falsa?
Voy a cerrar los ojos de la casa.

Tranquilidad ciudadana

Hasta la mitad
entró el cuchillo en mi cuerpo.
Cierto
que puede parecer un detalle
de la tranquilidad de la calle.
Afinamiento
del pensamiento
de quien exigía mi cartera
o cualquier cosa que fuera
de valor.
Así está al interior,
la ciudad;
ante tanta necedad
urgen reparaciones.
Por estas y otras razones
quizás tampoco la luna vino.
Nadie ni nada que acuda
en mi ayuda,
y en la semioscuridad
veo el metal que se va
y viene, buscando puerto.

Una silla recostada en la pared

Habrá una ventana abierta
una idea cierta
como corriente veloz
también pudiera ser feroz
pero voy a dejarlo así
        como si
las sombras bajaran del techo.
Lo hecho
no es el vacío, es otra esencia
una suerte de elocuencia
que me obsequia silencios
      o el resto de la historia:
la vida conseguida
diaria,
   precaria.
Feliz o triste,
es ese hombre que insiste
en recostar una silla en la pared.
Un hombre viejo,
que mira su imagen en mil espejos.

Weather Report

Hacer alusión
      al ciclón
   a la hecatombe.
También puede ser otro el nombre:
   caos, sacrificio.
O acaso será un artificio
pues no siento
     la fuerza de los vientos.
Tampoco la lluvia golpea
pero algo avanza
            destruyendo
     lo estoy viendo,
a pesar que el sitio del ojo
no es el que yo escojo.
Es casi una porfía
     una manía
de embestir contra el muro.
Esa pared que no se ve
es la hecatombe
o cualquiera de sus nombres.

Cuchillos al aire

Vamos lanzando cuchillos al aire
será por el desaire
será por el enojo
ese que sale por los ojos
o por la misma respiración
 al sentirse relegado,
        sin acceso o puesto a un lado,
por mecanismos sutiles
que son los más viles
poses
porque nadie reconoce
que el culpable es él
cuando se trata del color de la piel.
Hay dosis de racismo que son puro cinismo
y van mezclados con libertad
en espacios de la sociedad:
con falso asombro
alguien te mira por encima del hombro
intentando demostrar que nada pasa
que el que lanza cuchillos al aire
es por otro desaire
y no por el tema de la raza.
Un racista trabaja
como el filo de una navaja
sutil y callado, pero deja cicatriz
sobre todo, en la raíz.
Ya vez, no me pierdo
            y por eso,
voy a regalarles un buen recuerdo:
mi madre me decía negro, de cariño
cuando era niño.

Puntos, asuntos

> La función última del sueño es permitir
> que el soñador permanezca dormido.
> Slavoj Zizek

Una epopeya es también la clave
llave mejor
        para que el soñador
permanezca con los ojos cerrados
confiados
        a viento sur.
Parecemos monumentos
tallados por el tiempo
más puros, menos duros
por sangre que por hambre.
Altos, más por resistencia que por paciencia.
Cualquier despertar es breve
como ese espacio leve.
Entre el miedo y el instinto.
Tampoco será distinto
si al ojo asoma el metal de las personas.
Ciertas pupilas abiertas aparecen como puntos
 asuntos
        eternos a tratar.
Cada promesa es una fecha
que acecha
        en la memoria
historia (normada y silenciosa)
casi temerosa
del despertar
de los que todavía se empeñan
y sueñan.

Jorge Matos

A la sombra del pequeño sur

La casa sigue allí.
Allí está el jardín
sembrado de recuerdos,
las canciones de siempre,
el primer beso
y tus poemas sin fin.
Está allí tu diario de navegación sin puertas.
Los vecinos de siempre,
y el río que pasa por detrás de la casa en puntillas
estamos todos,
pero, ahora que vienes para quedarte
me pregunto si estoy listo para no irme.

La herida

Expuesta a sus ancestros
al odio visceral de los héroes de turno
abierta por los gobiernos de facto
a fe de los falsos profetas
sometida a polémicas
a dudas y disquisiciones
exangüe, mortal.
¿La primera de tantas que nombra a su verdugo?
¿La última quizás que calla a su autor?

Inmóvil

Una pared desecha lo que no asimila,
lo que no le sirve,
lo que puede hacerla vieja,
inútil, inapropiada.
Una pared,
no como otra cualquiera,
evita las distancias,
las habladurías,
a los poetas.

Pinocho de cartón

Y después de hacerla gemir le pidió que se desnudara.
Después que se desnudó, le pidió que se arrodillara.
¿Juras decir la verdad y solamente la verdad?
La nariz le creció.
Y este cuento hizo presidente a Pinocha
y a Pinocho fiscal de la República.

Pro-poema

Ha salido al mundo un poema
con el rostro desfigurado
en un último intento porque le crean
que no es culpable de las guerras
ni del hambre.
¡Yo, que creí que lo había visto todo!
Después supe de un poema erguido
con la frente muy en alto
delante de sus captores
y no les pide perdón.

Lección 1

Sucia tu alma.
Pasas la lengua.
No la limpias.
Sucia tu lengua.
Pasas el alma.
No la limpias.
Van al infierno.
Tu casa y tu vida.
Sucia tu casa.
Sucia tu vida.
Miras al vecino.
Sucio también el vecino
que pasa su alma y su lengua por el infierno.
No es malo el infierno.
¿Entonces?
¿De quién es la mano
la lengua y el alma
que limpia el paraíso?

Lola y el Imperio otomano

Cuando vaya a detener el fin del mundo
no será como detener la caída del Imperio otomano.
Prefiero tener sexo con Lola.
Yo no fui quien detuvo el Imperio otomano
ni idea tengo de cómo detener el fin del mundo
que no será por ahora.
Pero no me voy a negar una tarde de sexo con Lola
aunque me den las tres de la tarde.
Entonces sí.
Después de Lola,
después de las tres de la tarde,
que se acabe de cuajo el mundo.
Pero sólo por un minuto.
Así voy a simular que he detenido el fin del mundo
sin antes no haber hecho ni jota por el fin del Imperio
/otomano
y sabiendo que voy a tener sexo otra vez con Lola
antes y después de las tres de la tarde.

Domingo González Castañeda

Una cicatriz colma la pared, espíritus grandes
y pequeños orinan en los rincones donde se filtra el ajo
mi esposa persigue al roedor del plátano.
Oficio de perder y quedarse inmóvil.
Mi esposa tiene un cuerpo de sal y no miró atrás
Lot no tuvo en cuenta su espina ni yo el precipicio.
Ahora, la muerte y el café escaparon por el querosén
queda la pata del buey, un sabor interminable a heces
queda el destiempo para mirar atrás
para sanar la herida que el precipicio dejó.

La inclinación

Ser parte del balance cuando tejes miedo con rabia,
entrar en la verdad donde el tiempo se disuelve,
donde mi piel se extiende y deserta.
Fui delfín y ahora navaja bajo la duda y de nuevo pez.
Ser madera dócil, el abrazo que sujeta la cuerda,
cuando la muerte fresca te anhela.
Todo transcurre en un punto ¿ves?
Ser es lo que importa. Aquí soy sangre,
país del otro lado: aliento, luz. Pero todo se indefine,
he aquí donde no existo, me ves,
aunque no sea verdad respiro, depende de la inclinación,
piedra o sal, depende. ¿Ves? depende.

Paredón

Estoy de espaldas a este sitio donde me fusilan.
Preparen.
Mi delito es empujar las palabras, cortar la cuerda
romper los cristales, mi delito es pensar, tener alas.
Apunten.
Todos obedecen al miedo, nadie se atreve a respirar
a desmentir la canción del verdugo.
Fuego.
La estampida inquieta, las mariposas del abismo
un nombre cae sin cuerpo, lo pusieron a morir
en lo oscuro, le quitaron sus palabras,
la camisa de siempre, lo obligaron a estar de espalda
a estar de espalda.

Himno brevísimo

No sé de la transparencia ni el peso específico del cisne,
¿será un árbol o un busto?
Parece una casa muerta de frío,
de tristeza larga como el país.
Qué enfermedad tiene este cisne bajo el ala ¿lo sabes?
Cuál patria lo envuelve, qué tela ondea en su corazón.
Todos quieren violar el silencio para verlo,
pero disimula el rostro bajo la hormiga que entona
un himno de morir. No sé del cisne ni de los tobillos,
pero está ahí, fálico sobre el terrado moviendo su diestra
pálida y arrugada, mirando desde arriba, lejos.
Qué sabes tú del cisne.

Mapa genético

Vivos por la piedra que se ve allá dentro,
no en la transparencia ni la espada sino en la sangre
y no se ve, aunque extirpe la imagen que murió
al romperse la tela, pero aún da su aliento de serpiente,
mientras seguimos aquí, pasivos,
la carne ha de volver al hueso,
el agua escupirá todo el calcio que robó.
Esperar es la consigna de los que ven la piedra,
esperar no enferma si te comes la estrella.
Ahí está, fría y no se ve, trae vida a los que viven
y caminan sobre el precipicio, trae sepulcro, y no se ve.
Dentro no queda nada.

La muerte anunciada

Mi barrio muere como un perro que habita el derrumbe,
no es bueno existir, padecer cadenas por todos lados.
Mi perro no tiene garganta y aunque le cueste,
desea sangrar mar adentro.
Mi perro elige morir, imitar las penas de los bustos,
dejarse orinar por la historia, heder a perro, resistir
que nadie le invente otro hueso.
va a morir mi barrio, de miedo, de rabia de silencio
como un perro.

Carne

El ojo asustado mira el arma homicida,
presiente su partida.
Achícala un poco más pa' que la puñalada sea certera
el animal impotente se retuerce,
lanza un último bramido.
Sangre animal, sangre inocente empapa la noche
deja un charco en su silencio,
la vida huye despavorida a lo intrincado,
otro ojo asustado mira, siente el escalofrío.
Hoy es domingo y en cualquier parte alguien celebra,
no sé qué, pero celebra con carne verdadera.

Luis Milán Fernández

Babel

Esta porción de tierra sumergida
Es nuestro paraíso
Babel la llamamos
Mientras desayunamos con tostadas
Y polvo de café
En las paredes escribimos citas
Agitamos cigotos
Estanques
Diezmamos espartillos
En Babel empedramos los caminos
Demolemos las buhardillas
Presurosos
Rodeados de cáñamos trenzados
Olvidados debajo de la lluvia
A Babel nos tatuamos en el pecho
La dejamos fluir por los intercostales
Sanguinolenta
Lagrimosa como las pulsaciones que nos faltan
Babel
Es decir
El paraíso
Es esta porción de tiempo sumergido.

Edictos

En los nudillos de una mano se ordenan los edictos
Aparecen fugaces en el atardecer
Lívidos
Capaces de morir o de matar
Sin preguntarse cuál es la diferencia
Los edictos emergen sin sonrisas
Veteados
Reencarnados para asombro de ciertas herejías
Hay edictos perfectos
O mejor
Ciudadanos perfectos que absorben los edictos
Le darán su corazón
Su piel baldía
Indiferentes
Impalpables como los poseídos
Los edictos exigen obediencia
Marcan las puertas de sus elegidos
Se empapan en su sangre
Se abrazan a su sed
En algún sitio los edictos serán reconocibles
Otearemos la larva que se escurre
El temblor
Los pastizales
Y la torpe mano nudosa en la sombra del papel.

El mercader

A las tres de la mañana despierta el mercader
Contabiliza sus monedas en una mesa de linóleo
Las enumera cual pequeñas infracciones
Postales que comprarán un sitio de burdel
A las tres de la mañana lleva su mano a los bolsillos
Dibuja una cruz con cierta imprecisión
Y se detiene en la ventana
Escéptico como un dedo vacilante
Perfecto como una reverencia
Impecable como gota de alquitrán
El tiempo no existe para el mercader
Solo importan sus ojos amarillos
Aferrados a la temporada del vinagre
Al cojín de jacas silenciosas
A las tres el mercader comprende que es un hecho
Irá a venderse como las coliflores
Preguntarán su precio
Escudriñarán en su textura
Oscilarán por su color
Sus cicatrices
El mercader observa que se vende

Y son las tres
Afuera
Lejos
Se despierta la otra mitad sagrada del mercado.

Las palabras

Las palabras descienden cegadas por el humo
Se inclinan cautelosas horadando las parcelas
Los pisos alfombrados
La suspicacia de las frutas en almíbar
Hasta la casa marcharemos silenciosos
Usaremos las gotas de limón
Los pies del capellán
Pediremos el eco en los recodos
Nos secaremos la frente de pequeños corsos
Sombreados
Descubiertos en la resina que fluye por azar
Las palabras se marchan como un ave que vuela
Aúllan incómodas por los picapedreros
Verrugosas
Alusivas
Diluidas en la viga que sostiene el umbral
Si rasgáramos la soledad saltarían las palabras
Las veríamos contar estrellas
Hablar sobre el camino
Traspasar la corteza de un vestido de noche
Ubicuas como un abrevadero
Solemnes como una ilusión
Apenas sopesamos las palabras
Somos incapaces de agotar su ocio
Mitigar sus oquedades
Las palabras concilian el instinto
Piden un último deseo disponible
Y se alejan
Descienden cegadas por el humo
Cautelosas
Lúgubres
Como las aves que no vuelan.

Los que quedaron sin nacer

Los que quedaron sin nacer no admiten reverencias
Insisten atónitos en su crucifixión
Se presentan infalibles
Estivales
Convulsos en su pose de rasgos inconclusos
Los que quedaron sin nacer reclaman sus aplausos
Los odres exclusivos para secarse al sol
No necesitan comprender qué cosa los detiene
La muerte es el costado de un tijeretazo
Y están ausentes
Amparados en un limo cultivable
Neblinosos hasta los tobillos
Tranquilos marchan los que cantan sin nacer
Agujereados
Diminutos en su noche de manta
Inocentes de la desmemoria
Esponjosos y tiernos como la humedad
Los que quedaron sin nacer olvidan que no nacen
Se apellidan crédulos como el Sabbath
Se enamoran
Conquistan
Tienen hijos
Hijos que inexorablemente olvidan
Que también han quedado sin nacer.

Poema VII

He amado tu piel ligeramente
La he mordido
Besado
Bebido como un poco de lluvia
He recorrido tu espalda con mi lengua
Le he cantado a cada uno de tus dedos
A la parte de atrás de tus rodillas
A tu sexo
Tus nalgas
Tus tobillos
Ignorantes de ser
Los tobillos más sensuales de la tierra
Dentro de 50 años
Amaré tu piel ligeramente
La morderé
Besaré
Beberé como un poco de lluvia
Recorreré tu espalda con mi lengua
Le cantaré a cada uno de tus dedos
A la parte de atrás de tus rodillas
A tu sexo
Tus nalgas
Tus tobillos
Convencidos ya entonces
De ser los tobillos más sensuales de la tierra.

Túmulos

Hemos quedado en paz con los inviernos
Ahora somos a un paso nuestra audacia
Y descubrir que la sonrisa
Aquella que creíamos de niño
Se nos duerme en ruinas con su mucho escarnio
Y la lógica es un nevus agresivo
Y nos sentimos diletantes
Atrapados como esas voces
Que dejamos vagar en los andenes
No sirvió pensar que la quietud
Es un ruego subyugado en el estanque
O que nos fuimos diluyendo en nuestro propio abismo
La expiación marcó su sitio en la remesa
Dejó su olor
La escarcha en las falanges
Una sanguinolenta imitación de los espejos
Nunca supimos del dolor en las palabras
El deseo se fue urdiendo levemente
Creció dispar con su lágrima en ayunas
Silabeante
Ojeroso en su catarsis de menudísimo fulgor
El deseo tuvo un día su avalancha
Quiso saltar los muros imposibles
Atisbar en dirección a las arenas
Pero los pasos se perdieron en el cauce
Y nos sentamos a crecer en piedras calcinadas
Burdos
Inertes
Como los sueños prohibidos.

Iliana Rosabal-Pérez

Mutantes

A Dulce María Loynaz

I
Dulce María y su casa desalmada
y sus jardines llenos de escombros familiares
cubiertos de muerte y estío.

Otra vez el abismo confuso de las aguas
muro de hiedras que hablan sin blasfemar
supiste el fin de la travesía:
¿Cuál es la raza de los Hombres?
¿Cuál el silencio?

Mira mis manos detenidas
yo soy la desolada que te busca
la barca que el mar resaca y vuelve a incorporar.
Y no es la tristeza final de tu vida
ni el espasmo en las vitrinas añosas
lo que más recuerdo:
son tal vez los olivos que llegan
como aves extraviadas en forma de sierpes.

¿Adónde van los días hieráticos   los guijarros
que evaporan su niñez en la eternidad del río?
¿la persuasión en las palabras la mirada más recóndita
que persigue una inocencia
incluso cuando la risa   Dulce María
se congeló en tus labios?

II

En una de las estancias los gemidos regresan
mi pecho se equivoca si les miro aletargada.

Tuve una amante muerta que en esta vida
es un bello joven de cabello negro
y profundos ojos de luna.

No encuentro cómo decir que amo
sus dos mitades de cervatillo:
la que me ama   la que me niega.

Ella sonríe desde el espejo de su muerte
prende las velas   se echa en la alfombra
y al acercarse a mí   con mis labios   obstaculiza todo.

Nada que ver conmigo mi rostro
ni él   ni ella   ni los mundos amados
terriblemente por los tres siguen siendo
las mitades de un cuerpo virgen.

Tu fino cuerpo de alcoba abierta circunda muy bien
esta imagen que me empeño en reiterar.

En la brisa te apareces como un niño de otro poema
las mismas canicas y el jarrón
al fondo el espejo   el jugueteo
en el que nos confundimos
Dulce María
intermitentemente.

Prisioneros y máscaras

El martillo de plata clausura una historia
de la que nadie es responsable.

¡Qué hermoso príncipe cuando no era peligroso!

Volved los ojos. Silencio.
No hay prisioneros en Castillo.
Nadie grita por las noches en las frías mazmorras.
Sólo escuchad los cantos de los muertos gloriosos
los ecos del combate   del futuro.

Los pasos contaréis cada vez menos
y vuestra lengua aprenderá el hábito
de los lagartos en mudanza.

¡Qué hermoso príncipe cuando no era peligroso!

El Prisionero quiere su máscara.
La merece. Ha dicho que todos
los caminos conducen al Centro.

Sólo admite la verdad de los signos
que no ha manchado el enemigo
simples suelos para dormir

pedazos de recuerdo si llovizna en la ventana.

El Prisionero quiere una máscara. Para el dolor.
Su propia máscara. La soledad para no pensar
cómo vino del cielo tanta gente que lo ama
los alfiles que traicionan.

Hasta ahora se había estado preguntando
sobre las dicotomías del mundo en las palabras
sobre las dicotomías del mundo en los luengos enlaces de las cosas.

¿Cómo dirá otra vez que todo es Uno
que somos después del polvo tanto polvo?

Empieza por destejer el borde en su camisa
sigue el conteo de las olas y termina
con los ojos miles del mar   injertos en los ojos.

El objeto caído se oculta a su mirada.
Él lo presiente. Por desconfiar
le arrebataron la otra vida.

¡Qué hermoso príncipe porque ya no es peligroso!

El Prisionero encontró su máscara.
En los infinitos caminos del Centro
entre los himnos gloriosos de los muertos
en el silencio del Castillo deshabitado.

Solitude

A Maité

Sed de saber
de estar a tientas
en una ermita donde nada pueda redimir.

Cerrar la puerta del mundo
y organizar ideas como una procesión
de caracoles en retirada.

La sombra cúbica de mi cuerpo dentro
sin espejos ni ficciones
sin la lluvia convenida
para que permanezca forzosamente
observándome las manos.

De haber opciones
¿definiría bien el acoso
con que me absuelvo?

De haber caminos
¿saldrían del cuerpo
los viejos enemigos a emboscarse?

Sola con espejos y ambiciones dentro
en una ermita donde ni yo misma me pueda redimir.

Sola como hoja en su caída
y el no saber qué hacer para detenerla
laguna leve que surte los pozos de mi casa.

Escrituras del límite

II

Le has dicho que se vuelva físico y respire
que se vuelva a tus ojos por cualquier razón
el sacrificio del amor es demasiada tarea.

Le has dicho que no sabrá entender tu camino de lógicas
una lógica que aniquila los caminos
agua terrible   situación difusa
que no se enunciará bajo el signo del amor   sencillamente
luz que irá palideciendo cuando se acerque a tu ética
una ética que desborda los caminos.
Para lidiar precisa de un sentido claro de lo simple
para tenerte   una voz emergida que regrese al motivo.

Estás dispuesta a entregar cada brote
que en tu piel ha nacido y decirlo
con palabras alrededor de tus ojos
y decirlo con las manos aturdidas de palabras.

Cualquiera puede ser el justo y precipitar un temblor
una imagen o rescatar la cancioncilla
que los sauces enviaron al viento.

Pero en la escritura del límite no tienes otra región
que estremecer como no sea tu cuerpo.
Lo has dicho todo y no te alcanza
ni la lógica   ni los nuevos lápices
ni la lluvia que regresa todo el caudal perdido.

Círculos vitales

> lo que usted es no puede ser descrito,
> excepto como negación total.
>
> Sri Nisargadatta Maharaj

No soy del círculo del Fénix
no advierto trama alguna
sobre la vieja cerca de ladrillos.

Soy mudez   piedra herida
escritura célibe de animal retozando alegre
sobre el filo de una espada.

No soy del círculo del Fénix
soy oratorium en Silos
albedrío imprudente a juzgar por el oleaje
a juzgar por tanta risa
de las viles cigüeñas acampadas en el río.

Soy estirpe coronada en un triángulo de espuma
o en el lecho de alguna frase
que haya podido sosegarme.

Soy organista soy La Fijeza
madrigal emancipado liberando a la doncella
vuelo   celaje   romerillo creciendo despacio
sobre el sepulcro de Atila.

No soy del círculo del Fénix
no pido ayuda sino ayunos
o acaso el místico anonimato
que otros tuvieran antes de la cimitarra.

Soy poderío reina breve
regazo para cobijar a los guerreros desolados.
¿O soy del círculo del Fénix
 trama de ladrillos
 doncella y cimitarra
 romerillo estallando despacio por las entrañas de Atila?

¿Potestad de cruenta reina
que comanda a las cigüeñas
 a las viles cigüeñas acampadas en el río?

Elogio de la soledad

> ¡Devolver las luces
> supone una mitad de árida sombra!
>
> Paul Valéry

La soledad es una máscara binaria
alrededor infiernos te vienen encima.

La soledad te cierra a la idea de la tribuna
te hace aquietar el escándalo de voces que te impiden oír
ahoga el grito en una rabiosa mansedumbre
vienes siendo un velero de remos recogidos.

Avistas a la deriva mil mugrientas botellitas repletas de
mensajes
desesperados que lanzan voces y vidas al agua
avistas a muchos asfixiándose para renacer.

Ahora entiendes el principio y la razón de todo mensaje
el premio de mirar tus manos tan terribles y solas.

De esperar habrás conseguido las respuestas.
De escuchar nada buscarás en la tribuna
ya eres la crisálida de vidrio en el estanque.

Estás sola y no lo estás.
No eres quien se mira temblando.
Ahora tienes la paz en todos los avenires.
Ahora dispones de algo más que de un profuso lirio
mancillado.

Ars poetica

> Haces bien en poner banderines de aviso
> en el límite oscuro que relumbra de noche.
>
> Federico García Lorca

Pongo un epígrafe oloroso a higuera
a pozo enmohecido donde los camellos abrevaban.

La fábula no mejora
sólo impresiona como el gorro frigio del ángel
como las casacas de los sepultureros
muerto mi amigo en Bayona.

La misma muerte aquellos trajes
aquel ceremonial del ataúd y del enterrador
que luego sería entrenador de tenis
la misma ironía alejando su risa
al cuarto del fondo.

Pongo un epígrafe donde se abre un libro
frase de otro para hacerlo mío
playa que hemos prostituido
frontón honorable para decir como si fuera otra
para esconderme como la amanuense ¿entiendes?
alabando a los que pagan
coqueteando como falso escriba
suerte de moneda que es eterno marinero.

¿Qué puede pasar si no conmino al cambio
tras mi humilde colgadura?
¿Si vuelvo a traicionar o a mentir infaliblemente?

¿Qué pueden decir si juego yo también a las calecitas
cínica nauseabunda como tanto manuscrito?
¿Si despedazo el madero y luego digo
son malas astillas las del árbol
son malos el verso el ángulo atroz del poeta?

Cierro tapas   abrillanto el marco
vivo en tiempos de astucia de suscribir el borde
de lidiar con los metales
tiempos de decir como si fuera otra.

¿Quién sabe qué vale más
epígrafes honorables
ceremonia final de mi amigo muerto en Bayona
el ámbito feraz de la moneda
o ser cruel de nuevo?

Osmel Valdés Guerrero

Caín

Pusieron el fusil en sus manos y le dijeron: tira.
Sintió el escozor de la culpa,
el alma y el cuerpo en la mirilla,
las ganas de sentir el fuego.
Sabía de los golpes, el rechinar tras el disparo.
Le dijeron: tira.
Dudó ante el fluido y el poder,
por un instante el dedo y el metal fueron el juicio,
el círculo finito de la historia
proyectil subjetivo que regresa.
Aguanta, le dijeron, es lo justo,
y apretó con deleite y puntería.
Es siempre en línea recta el sendero más corto
de donde no se vuelve.
El cuerpo en fuga era un espectro,
un ente similar, figurativo.
La duda no es de Dios, le susurraron.
Entonces con rabia,
con mucha rabia, disparó.

Si cae
roto por fuerzas innombradas en las mil formas del silencio
es porque era silencio.
Si cae al suelo y no germina
es porque no era semilla,
si no se eleva hasta el fruto, hasta el árbol,
hasta el cielo.
Si no crece y se fragmenta en el ruido
es porque en el ruido se disipa lo que era su cuerpo.
Si no se halla su voz, ni su silueta ondula más allá del
discurso.
Si cae y no germina, entonces, acabó todo.

Hallaba las palabras, las comía
untadas de luz,
secretas esperanzas,
y el cuerpo se le hinchó hasta la gloria.
Pero el hambre no cesa y probó más.
El odio el desdecir el trueque
alma poema poema dolor palabra
y el vientre se le hinchó
de versos carnívoros, indóciles
blasfemos como el verso.
Era imposible ya regurgitar
tanto significante alterador.
El cuerpo era un vientre
enorme y palabrado hasta el cigoto,
palabrado palabrado roto de nombrar
y maldecir a veces.
Uno es a quien devoran.
Las palabras son bestias diminutas.

Si te mueres, descubrirás que importas un carajo poetín,
que tu dolor de hormiga es apenas tuyo,
apenas dolor.
Si te mueres, entenderás que el polvo es la ilusión,
una ilusión que espanta, decepciona en ti.
Montón de átomos latiendo contra lógica y gravedad.
Si te mueres y consigues entender qué te ha pasado,
será que estás extrañamente muerto
o extrañamente vivo.
Que has saltado de materia a silencio.
Que te reduces para hacerte mayor en el universo incalculable,
que ya no lanzas tus terrores,
porque el terror se muere si te mueres
y la falta de fe es un misticismo más agudo,
más lánguido cada vez que te resistes
y piensas que vivir es vivir,
que es un estado inobjetable porque puedes gritar tu dolor de hormiga.
Pero nadie, ni el universo incalculable responderá.
Lo sabes o lo sabrás tal vez,
si te mueres.

Tú me pediste noche y yo te di los miedos,
el lobo taciturno de mi carne.
Me pediste un poema y te escribí un conjuro
como si Rimbaud o Lovecraft lo dictaran.
La muerte es el pasaje hacia lo eterno.
Hay cuencas más allá de este desorden,
huesos, gemas, plegarias,
un himno que escupir contra el silencio.
Tú me pediste luz y yo descalzo
delante de la zarza en el desierto
esperando morir bajo palabra
pero nunca te di mis esperanzas.
Ninguno apresa las palomas del hades.
Ninguno y menos yo que no cabalgo
por temor al descenso.
Tú me pediste noche
¿y qué sé yo de Marx o Nostradamus?
Solo quise escucharte,
fingir que me importaban tus delirios
esperanzado en que si despertabas
aceptarías mi pan,
mis prohibiciones.

La vi ondular,
flotaba como si el cielo fuera una mentira.
Para esconder sus curvas
cerré los ojos más allá de sus franjas.
El suelo estaba aún bajo mis pies.
La quise para mí,
su libertad, sus cuerdas para mí,
el ondulante juego de la sombra.
Tenía el asta erguida,
el corazón erguido
y ella ondulaba
como si el cielo fuera una mentira.

Quise mover la mano derecha a voluntad
y lo hice
a pesar del hilo,
de la tensión del hilo.
Esperaba el tirón,
el gesto duro que nos mantiene atentos.
Lo intenté con los pies,
el cuello, el corazón.
Solo la mano izquierda,
detenida en el tiempo se aferraba,
nos aferraba al hilo.

Whigman Montoya Deler

Pictograma

Él soñaba con besar las pecas de sus hombros.
Él nunca había rozado la mano de otro hombre
en el pasamanos de un autobús.
No sabía hacer otra cosa que llevarse a su cuarto
colgados al recuerdo
el verde sostenido de sus ojos
la voz que enmudeció su nombre.
Él a veces lo encontraba a solas, eran entonces
como dos capiteles soportando el peso del silencio
el empuje de sus ojos.
Él le escribió una carta, le habló de sus pecas.
El otro sabía callar y mirarlo por horas
pero no era capaz de contestar a un cuerpo escrito.
Con la carta entre sus manos
sólo supo ofrendar su grano humedecido
mientras pensaba en aquel
que quería besar las pecas de sus hombros.

Terremoto

Un temblor puede agrietarnos para toda la vida
o anudarnos entre quebradas paredes.
No hay nada más tierno que cascar un huevo en la mañana
Ni más triste que zurcir una media ya deshecha.

Un temblor va trepando los muros a retazos
y a pedradas derriba mi dureza.
Una lluvia de escombros desnuda nuestra viga.
Cuerpo de polvo tendido en el asfalto.

El fusilado más hermoso del mundo

Adansonia grandidieri
Falo de mayo coronado en cian.

Ni aun marcados por las balas
los muros de piedra dejan de ser de muros
ni las piedras dejan de ser piedras.
La tapia a sus espaldas
miles de ojos afilan sus cañones.
No hay desnudo más bello que el de la piedra
sobreviviente a los siglos
la ola o el viento la desviste y cincela
el faro y la isla por testigos.
Yo también tiré la piedra
escondí la mano del decreto
en mis profundos agujeros
mano-tubo de lava
luego
garra de mis deposiciones.
Él era el fusilado más hermoso del mundo
lo desnudó mi palabra reductora
pero él estaba ahí
como una estalagmita que sale de su cueva
propia luz
con su verdad de a gota.
Ni aun abrazado por los plomos
su cuerpo de sangre dejó salir las balas
él fue su propio muro
pecho de muro.

Tres señores no permiten a Moisés entrar a Canaán

Euphorbia lacteal
Atajanegro, cerca viva, espinosa.

...señor
usted siempre ha mostrado a sus siervos
el poder.
No hay otro señor en la tierra
o debajo de ella
que haga esto:
partió un mar de pueblo en dos
la finca prometida
expropiada.
Tierra nuestra.
Su milagro de éxodo hacia nosotros
y todas aquellas ciudades bajo mandato
propuestas a destrucción.
No dejó a nadie con vida
sino con media vida.
Tomó el ganado y las cosas de valor:
el oro de las minas y naufragios
el de la mano de los casados
el de la oreja de la niña
el del diente del abuelo
y los muertos.
señor
un octogenario añora el otro lado del agua
ese que todavía ríe
con su pedazo de mina de oro.
Hace doce años una mujer se desangra
es una madre; dice: *si tan sólo pudiera tocar su mano.*
Y hay un Jairo

a quien le han avisado: *tu hija ha muerto.*
Pero usted siempre ha venido antes de tiempo
para castigarnos
expulsar sus demonios
recordarnos que los cerdos no hacen puente.
Usted responde: *basta, no me hablen de ese asunto.*
Se enoja por su columna
de nube y de fuego que no lo deja ver
y nos pide: *miren desde lejos*
precisamente usted
señor
que nunca nos ha hablado cara a cara.

La última cena

Cuscuta americana
Maraña de tallos finos, penetrante hasta los tuétanos.

Cuando la carne del sacrificio
esté por llegar a nuestras mesas.
Cuando ya nuestra carne no sea más
el martirio demandado por otras lenguas
que son como cuchillos
en nuestras manos
clavadas
por el ateísmo de los panes y los peces.
Cuando hayamos abierto las gavetas
y emane la renuncia
el deje a tenedor
a óxido en nuestras bocas.
Entonces
veremos a nuestros nietos
amolando los cuchillos
afilándose los dientes
y nosotros
con ese sabor amargo
de no haber cortado la mano
del ladrón con tridente.

Café Balzac

En un Café Balzac
manos frías, agobio de una isla
cuerpo mío apaleado en las calles.
Un café puede ser amargo, dulce
capaz de levantar a un Lázaro
a un pueblo de entre los muertos aun si hiede.
Nadie pone un salero al lado de un café
a no ser para vaciarlo en la herida
o recordar la curación de la carne.
Un café caliente se revuelve con un dedo
sólo si quieres sentir tu propia llaga
que estás vivo
que de *la isla en peso*
también se resucita
y que una pequeña taza
como ojo negrísimo de Dios
te mira desde abajo.

El Toro de Falaris

Tenemos que ser dos para ser cuerno
toros o bueyes.
Da lo mismo girar alrededor de un molino
andar sobre el barro
llevar la carga
tener "limitaciones" en cuanto a doma:
no aprender a caminar hacia atrás es requisito para la
/negación.
Hay *que estar hasta los huevos*, y no tenerlos, para salir al ruedo.
Hay que tener en el frontal un semen para el día del embiste.
Allá ellos: los cérvidos y sus cuernas en días de mudanza
        y los Falaris.

Marieta Machado Batista

Apuntes de un confinamiento

I. Amanece.
La ciudad me extraña.
Con la frialdad de un iceberg se despliega la vida
y mis hijos
ya no caben dentro de las paredes.
En casa
toda improvisación es insuficiente.
Quisiera ver los rostros más allá de la pantalla,
comprar gelatina a mi nieta,
echarle un tinte a mi madre.
Pero los mosquitos me recuerdan
que el calor se excederá
que es domingo y por eso
pesan más las horas.
Cae la noche.
Repaso páginas que sé de memoria.
Ensayo palabras frente a un público ausente
y me pregunto
si mañana podré hacer lo mismo.

II. Añoro el café de mi padre
con exceso de azúcar y cariño.
Los debates
nuestras discrepancias
nuestros abrazos.
El rostro de mi nieta
su hermenéutica
su sonrisa.
Mientras tanto, desde casa,
sueño ser el balance donde mi vieja mece los años

la cafetera y hasta el cesto de basura
con tal de tenerlos cerca.

III. He sacrificado el gallo
en honor a las carencias
pero me asusta el rostro de mi hijo
su llanto inusual
sus reproches.
"No matarás", le he enseñado
y sé que a partir de hoy
será muy difícil probar mi inocencia.

IV. He aquí la puerta
por donde yo aparecía en las tardes
con potes de helado y
bandejitas de dulces

para variar el menú y la rutina.

He aquí el jardín
donde no existen manzanas
ni serpientes,
donde Eva siembra culantros

y sueña aguacates prematuros.

He aquí la despistada
que observa
desde su cocina
como entran y salen
fantasmas de dulces y potes de helados
mientras los vivos

esperan tiempos mejores.

V. Son las 10:00.
Mezclo el yogurt con la esperanza.
Apaciguo el hambre de los míos.
Pienso en los cuerpos ausentes
y en la falta de mi cuerpo.
Ya lejos del inicio
doy rienda suelta al final que ignoro.
Hay puertas abriéndose y con ellas
el deseo de sobrevivir…

VI. Extraño mirarme en los espejos.
La sucesión de rostros y el mío
perdido en el azogue.
Se agrietan los fantasmas de la luz
y con ellos
el duro oficio de vivir el semblante de estos días.

VII. *y he descendido a librarlos…y sacarlos de aquella tierra a una tierra buena y ancha…que fluye leche y miel. (Éxodo 3:8)*

Soy eco de voces ausentes;
de infantes destetados antes de tiempo
de historias inconclusas.
Soy miembro de honor del paraíso que perdimos
y aún me pregunta mi conciencia
¿Dónde está tu hermano?
¿Dónde está tu hermana?
El grito de Agar me convoca en las noches
aparece ante mí vestida de luz
con los pechos desbordados de angustia

y yo que no aborrezco
comienzo a cultivar la ira
cuestiono la inocencia de Abraham
mientras mi mente dibuja una ciudad
repleta de palmeras y recién nacidos
donde Dios es mujer
experta en raíces y juncos inmunes
para curar las heridas en la nueva tierra
en la llanura que fluye leche y miel.

Carlos I. Naranjo Pacheco

This Bitter Earth

(con Dinah Washington)

¿Qué soy sino la costra amarga de la tierra?
la ronca voz del viento y su ardor,
la mano desbordando piedades,
el llanto del pájaro que perdió la ruta,
yunque, tabula rasa, el zurcido de una maleta,
los pies de Hermes al bajar y subir del averno.
 ¿Qué, sino una grieta enorme en la paciencia,
los ojos del demente aferrando lo invisible,
el dedo húmedo que pasa la página,
un beso en la frente sin vida,
el mar en su retorno de botellas.

Mi padre clasificando muertes en vitrinas.

Soy la sangre del ángel en mi custodia de carne,
este cuerpo no es pan, es abono,
vino, agua, vinagre y lanza.
Trituro con mis dientes la suerte cada día,
cuando busco una sonrisa en mis espejos.
Soy, en definitiva, lo mismo que otros.

A una pregunta de Ana Ajmatova

> Y quién es la bestia, quién el ser humano.
> Ana Ajmatova

El hombre es el extraño animal
que abandona la cría a las puertas de Dios,
anega su negra madriguera con el trigo
para enfrentar un crudo invierno que nunca llega.
Despierta un día de nubes
arrancando los ojos de los hijos
y los devora como el Tiempo
para que nadie le arrebate el cetro.

El hombre parapeta un ramo de ideas en las altas trincheras.
Expurga a los que siembran opiniones de irregulares bordes.

Vocifera junto a la soledad de la última bestia de alguna
especie.
Adorna con flores, guillotinas y cámaras de gas para la suya.

Ama al perrillo de extraviados ojos.
Ignora los ojos del hambre.

Embadurna telas con la belleza del silencio.
Mancha sus manos con la sangre de la Verdad.

Ana Ajmatova,
el hombre,
la bestia.

Felicitá

La felicidad
se ha posado en mi hombro como el polvo,
no intento apresarle,
beso sus ojos con mis ojos,
mientras calco su olor a lluvia.
Tarareo la tristeza de su próxima partida.
Acomodo el instante en la hoja de mi piel
junto a la caricia infinita de la madre,
del padre, el rigor cordial.
Vendrá a mí, a veces,
cada vez más,
cada vez menos,
y otras veces más
de la mano temblorosa de la memoria.

HAIKU III

La lluvia muere,
el polvo arropa al jardín,
sueña la vida.

Segundo movimiento

Con Philip Glass

Abres la puerta,
inhalas la absoluta ausencia de colores y sonidos,
bajo el abrazo cerrado de la nieve,
un pie y otro se hunden,
las espinas del hielo asaltan la piel desnuda.

Un hilo plateado tira de ti,
algo que ha muerto y no puedes replantarle,
o quizás vive y no sabes qué hacer,
pretendes acallarle en el frío,
que tirite fuera de la hoguera del pecho.

Ya no va a despertarte la risa del que juzgabas eterno,
han marchado el ser único y su voz,
queda un murmullo de huesos,
y la paz de unos tizones encendidos.

Ángel I

A Alan Kurdi, el niño sirio

El ángel observa el cadáver en la orilla
cata a un mundo que no comprende
el cuerpo es pequeño
cabe en los brazos de una madre
se quiebra en el batir de las olas
y se resiste a volver a un mar
que le ha arrancado el último grito.

El uniforme sin rostro ha olido la muerte
baja a la playa y el tiempo se detiene
desgaja las manos de la arena
y la imagen queda a la posteridad
el mundo se retuerce de dolor.

El ángel apenas se inmuta
durante siglos ha visto cadáveres diminutos
llegar en silencio a las orillas.

Deconstruyendo a "mujer con alcuza"

a Dámaso Alonso

Una mujer con alcuza
se yergue ante la noche,
nada le agobia,
desgrana con sus dedos las palabras del viento
y besa los corazones
que crecen al borde de la acera.
Anda tatuando en sus palmas
el nombre de cada rincón
y busca la pausa de la luz.

Su brazo se ha fundido a la alcuza
que ahora es estrella
y ella sigue,
noches y días,
días y noches,
y muchos, muchos días
y otras tantas noches,
sigue adelante por campos en flor
y besa la frente de la bestia vencida
a la orilla del andén.

Podría ser las sombras que le acompañan
lo que aterra al sujeto,
al mozo de tren y al mendigo,
al transeúnte efímero que no saluda,
y a la anciana de blancos ojos en la banca.

A la mujer con alcuza,

casi nadie le conoce,
desentierra los cadáveres
con la punta de su pulcro zapato,
les acaricia,
les canta unas tonadas de antaño,
son sus hermanos,
les sabe dulce en su sueño de muerte.

La mujer es la alcuza,
nunca duerme, no quiere,
ya no grita, ni llora asomada a la ventana,
no hay vestigios de gris en sus ojos ni en su manto,
irradia en la oscuridad
con la magia de algún insecto,
sabe que la felicidad es un estado de ánimo
y encumbrada,
rompe con amor las palabras que trae el viento.

La mujer de la alcuza
se asoma en la noche,
sonríe
y los pájaros se posan sobre ella.

Yulexis Ciudad Sierra

Las horas

Era 5:
noviembre olía a lluvia sobre el ómnibus,
la ciudad uniéndose a mi espalda,
rozando los años que he perdido.
Ahí estaba el aeropuerto y el abrazo,
un llanto intenso sobre un intenso intenso que desangra.
He vuelto como el hijo que no llega,
la frialdad que no padece mi piel,
el retorno de fechas que a veces no quiero recordar.

Hoy es 6:
vuelve la lluvia.

Noviembre

I
La voz de Alejandra
se niega a sorprendernos.
¿Cómo será la carnecilla roja
donde su madre la guardó?
Alejandra tiene una cama
donde su piel muestra huesillos pálidos,
los dedos me recuerdan *la música que se extiende*,
la flexibilidad del sonido en las partituras,
lo mucho que hará con esas manos
y esas líneas que dibujan
como si a la piel le hiciera falta otro vestido.
Alejandra tiene los labios tiernos
pero su voz se empeña en gritar,
sólo quiere succionar la madre
y sacarle la cobija caliente.

Testado de fertilidad

(16:45)
Había sólo una línea sobre la cinta de papel sostenida por el verdor del margen, una cinta que debíamos soportar como un pellizco mientras absorbía mi interior sobre una tacita transparente.
Más de 30 segundos y la cinta se robó la escena, pero me fui al cuarto mientras él aguardaba el amor en una segunda línea. Yo había visto lo mismo anteriormente, quiero decir hace un mes, antier, el primer día. Preferimos dejarla descansar sobre el plástico y el mármol gris del cuarto de baño.
Un golpe de paz y mi pecho, una palabra en descanso y disfruté la foto que recibí a un segundo de la cama. La cinta comenzó a expedir sus colores y dos líneas rojas se ajustaron a la espera. Sé que fue Dios quien dibujó la rectitud de aquellas líneas a las dieciséis y cincuenta de la tarde.

Juegos de atar

Ahora llueve mientras escribo otro poema. Me dieron ganas de parar y sentir la lluvia en el cuarto donde se profesan los mejores olores, la respiración en sus contornos, las luces en una paz descomunal. Los algos se convierten en todo, la charla —como amo esa palabra— haciéndose un descanso cuando ya no se tiene nada para decir e irrumpe un abrazo infinito. Los ojos alertan de una madrugada, que el amanecer amanece, que el abrazo y los muslos están a punto de sentir el calambre; es la carne, la sangre, el hambre de sentirse amado y darlo todo. A veces cubrimos la Biblia, qué tontos. Ahora llueve, llueve... Reclino mis manos y mi frente a las persianitas de la puerta, siento las migajas de aire y agua que se filtran para tocarme.

Gris sobre gris

Amo estas paredes.
Cada grieta firme
en tiempo de peligro.
Mi fuerza es el cincel.
La mesa desnuda.
Dos ventanas pararrayos.
El ventilador no devuelve
mi silencio.
Amo estas paredes.
Alfombra gris,
tizne en el piso gris.
Paredes blancas que amo.

Algún fragmento resiste

> Si respiro los dolores reaparecen...
> Eduard Encina

...es como el vaso que se estalla contra el piso y el vidrio se expande por todas partes. Algún fragmento llegará a herir la piel, a sentirse el ardor que produce, la sangre que llora. Si la herida es muy profunda se grita, se retiene el suspiro hasta la asfixia aparente. Se cubre con la bendita sal para que retenga el fluir de la vida, el aguijonazo de la sosa cáustica cuando lavamos la piel.
Y barremos cada partícula hasta el badil. Las sepultamos para que nadie más pruebe la desgarradura que puede ocasionar el filo. Llegamos hasta escuchar el sonido que movió nuestras manos a un estado de alerta. Recordamos el grosor de la herida cuando retiramos la venda en la próxima cura, cuando alguien pregunta si ya estás mejor, cuando pasas por el sitio donde el vaso se descompuso, cuando logras ver el brillo de algunos añicos impregnados todavía en los bordes. Es imposible acostar el recuerdo. Así pasa cuando se va un amigo, oh Padre Eterno... es como el vaso que se estalla contra el piso y el vidrio se expande, sembrando en los bordes el brillo que no se apaga, que no se apagará nunca.

Barquitos de papel. Variaciones

A Teresa Melo

Las puertas se rasgan
y yo prendida a su cerco.
Una mujer en el muelle
llora unos barquitos de papel
cansada de ver como el agua
le separa las letras.
Los demás quieren llorar,
se marchan con el Padrenuestro
la dejan desnuda
sin palabras.
Sigo prendida
con deseos de gritarle:
no tienes por qué obligar tus ojos
a los adioses.
Me olvido de la puerta
del cerco donde permanezco prendida.
Mientras una mujer comprende
que yo guardo sus lágrimas
que los barquitos seguirán en fila
para la conjugación del verbo partir.

Gizeh Portuondo Vega

Karma oriental

Veía una película japonesa, decían: *¿Recuerdas el minuto en que te enamoraste?* Yo pensé un poco, volví a pensar y nunca recordé el título de la maldita película.
Moraleja: Japón también es una isla, con dos bombas a las espaldas. Su economía es primermundista porque no sufre de amnesia.

Poesía de la descolonización

El poeta lee: *El chasqui inca Antawara sube con sus callosos pies el altiplano, mañana y mañana, luchando contra los pedruscos del camino.*
Noto que el poeta no llega siquiera a los 200 años.
Noto que el poeta ama el cuerpo de Antawara que es el mismo cuerpo de su último amante. Acaba de leer, y le aplaudo con fuerza porque el poema ha vuelto a su función mitológica, justo como corresponde a tiempos de guerras nucleares.
Poesía que se muerde la cola, que se muerde con convicción de resistencia. Con convicción que se frota para buscar la humedad, para cínica penetración, antiglobal.
Cualquier noche yo querré escribir un poema inspirador, nacionalista, y escribiré sobre un poeta solo en su cama tocándose, añorando un Antawara mientras, como excusa, observaba un cuadro precolombino.

Necesidad de incentivar el hábito de la lectura

Me conecto a la virtualidad de lo invirtuable. Queriendo ser altruista leo con detenimiento los pedidos de usuarios de un grupo en el que quieren empezar a leer literatura. Leo: *necesito un libro que dé crisis existenciales*. Muchos comentan, y dan valiosas opciones, de absurdas densidades: Kafka metamorfoseado, la insoportable pesadez o cien años de familia. Yo también comento: *no hace falta bibliografía cuando se tienen sentimientos reprimidos...*
Inmediatamente fui expulsada como plaga. Soy el microbio que se comería mi cara, el que bebe fluidos en afán sensual. Me crezco, me decrezco, y vuelvo a crecerme en la proporción mística de amarme demasiado, de negar el rechazo. *Ten piedad*, me digo, *tú también buscas soluciones en los libros, en esas pajas transitorias.*
Por eso, me conecto con un perfil falso. Pero esta vez propongo un libro en concreto. Esta vez soy parte correcta del grupo: propongo un libro para esa persona que le amputaron una pierna.

Ciclo vital

Me he colocado un anzuelo, atraviesa el labio superior. Incluso me han cargado en peso para comprobar que soy demasiado pequeña y me deben devolver al mar.
En el labio me quema la sal. Parcialmente húmeda me convierto en un ser de ninguna parte, de los que no creen en palabras ni anzuelos.
Oigo constantes posturas ante la vida, y pocas posturas ante la muerte y la sequedad.
Ahora soy libre, no carnada.
Hoy vi otros peces moribundos.

El pelo no es un material de construcción

Encuentro más de ocho pelos largos entre mi vello púbico. Parece que a alguien se le está cayendo el pelo. Esfuerzo mi memoria. Me siento rara.

Con tantas personas en el mundo, con tantos pelos cayendo cada día, nos preocupamos por la basura espacial.

Mis amigas dicen que debo irritarme, pero yo me pongo bíblica, por aquello de la paja en el ojo ajeno, respondo: *Nunca he pensado en construir nada.*

Y pierdo algunas amistades, y algunos amantes a los que les comenté, porque los pelos sueltos, de ninguna manera, son edificantes.

Envidia del pene y de la muerte

La muerte es un orgasmo irrepetible, por eso tarde o temprano nos morimos. Estoy temiendo ideas suicidas, y pensando en la democracia griega, la acrópolis clásica.

UNO me aprieta una nalga, dice que para comprobar si están flácidas, le digo: *ahora sí*. Pienso: *y ya no existe la democracia clásica*.

DOS no trato de meditar cómo un día me tiré a vivir, ser lluvia después de un aguacero, pasto masticado, ¿y si luego no sé revivir?, cómo a las democracias después de las tiranías. Los suicidas son más inteligentes, no todos los orgasmos son repetibles.

Feminidad ideal

Sí, sí, me gusta mucho, digo con voz de actriz porno. Él eyacula. El efecto pictórico de la supremacía masculina. Un constructo mental, el típico placer que nos da sentirnos extraordinarios. Eyacula en la inmortalidad, en la verdadera y efímera perpetuación. Y es como observar una pintura eterna, una supremacía ilusa sobre la muerte. Y aunque todo terminó hace rato, contemplo su vanidad y eyaculo.

Yorisel Andino Castillo

Corazonada (de la serie: animales domésticos)

Esta mañana sirven el desayuno más temprano.
Chorro de agua
colectiva pulcritud antes que el azar decida
rutinas habituales:
mano que acaricia tetillas y panza
otorga beneficio.
Mano en la cabeza
peso del placer desploma el cuerpo.
Tengo la barriga llena
pero no confío en la felicidad.
Estoy en el suelo
mano pronto vendrá
van a subastar mis vísceras.
Mano pone precio a la cabeza
cabeza rueda a mano que compra
bulle ante el festín.
Mutilan cuerpo
exhiben su belleza.
Trasciendo el costo de la vida,
doy a otro de comer.
Esclavitud contraída a créditos
van a agujerear mi corazón.
Soy un cerdo
jamás confío en la mano que alimenta.

Huso horario

Los servidores y sus histerias
sabotean nuestras teclas.
Amanece en apagón
he cambiado un rato los sones por rocanroles
anglosajón muta a español del Caribe.
Pienso en la descarrilada oratoria
la ciudad me aburre con tanta algarabía de vieja con acné
el tránsito y los cambios de sentido.
Hago fotos de familia para que no se me olvide
lo genéticamente útil.
El órgano oriental me reitera sus melodías
quiere manipularme con uno de sus acordes.
Los turistas atrapan con sus cámaras la jornada molida
juro que prefiero los idiomas que menos entiendo.
La cabeza asiente al compás de la batería,
tanto son por hoy me aburre, tanta clave y síncopa
por hoy me declaro atea.

Los ciclos del agua (de la serie: animales domésticos)

Para Adriana Mercedes

3.00 a.m.
Mamífera condición brota del cuerpo,
narcisa vanidad.

3.30 a.m.
Pienso en la fuente
el placer en el dolor que arrecia.

4.45 a.m.
Mercedes, la que mi alma consuela sin cesar,
que siempre me ha querido.

6.00 a.m.
La voz persiste
Que sólo por mí vive, que siempre me querrá...

7.30 a.m.
Los perros auguran
¿tú crees en la casualidad?

9.20 a.m.
La temporada se anuncia en carretones,
la belleza del ruido llega hasta mi ventana.

10.30 a.m.
Dicen que afuera es otra la comarca
por suerte no te nombrarás Alicia.
La situación hidráulica se torna crítica
Por ti, Mercedes querida se extingue mi dolor.

1.00 p.m.
Doy órdenes y parezco experta
lo risible es que obedezcan.

2.20 p.m.
Las señalizaciones nunca sirven.

2.50 p.m.
Atada por la cintura
ritmo cardiaco adecuado
como las potras prefiero la soledad.

3.00 p.m.
El líquido se avalancha entre mis piernas.

3.50 p.m.
Te declaras a la vida.
La manada ofrece felicitaciones
placenta   flujos   cansancio
estadística a prueba de kilos y centímetros.
Palpo con orgullo la suciedad que emerge del amor
alguien cose mis instintos.

Microsoft Power Point

Diapositiva I

F5 con clic para transición
letras en espiral:
muñecas rusas mueren de insolación
yo fui una niña que no tuvo paciencia para jugar.

Diapositiva II

¿Cuándo vendrá mi madre?
Niña aparece en el carrusel junto a hombre de pulóver
ceñido, color fugaz.
Ella lava en foto contigua
definitivamente el sábado es corto
la vida es corta
¿lo crees así?
no me pidas otro tono discursivo.

Diapositiva IV
¿Estás en línea?
Déjame decirte mi nombre
prométeme que no vas a dar escape
que si no pudieras ayudarme
enviarás este mensaje a todos tus contactos
te advierto, no rompas la cadena.

Diapositiva V

Soy un virus
todo el tiempo mentí

jamás tuve las nalgas frondosas
ni las tetas más pornos del ciberespacio
tampoco una vida triste
siquiera una vida.
Cuando morí estaba ocupada
tejiendo trenzas en mi pelvis
y puedo acabarlo todo con un clic.

Diapositiva VI

El agua encareció
¿el agua? Tampoco soporto esa palabra
pero el hombre y yo damos vueltas en bicicleta
                alrededor de la fuente
sonreímos
todos los fotógrafos entonan la misma canción
¿recuerdas el sabor?
los invitados reciben su porción del pastel
tú y yo perplejos disimulamos la agonía.

Diapositiva VII

Hombre se arquea sobre mí
no nos queda tiempo
hombre muere
hormigas bravas le cargan sobre sus cabezas
a Pedro, paz eterna
de sus familiares y amigos.
Quítale las cintas a la corona
no sea que la roben para brujería
quién carajo querría tu muerte.

Diapositiva VIII

Necesito me ayudes con una cuantiosa suma
te veo palidecer
¿sabes? soy hipocondríaca
he muerto antes que tú.

Diapositiva X

¿Podrías hacerme el favor de avisar
a familiares, allegados y amigos?
En este momento la música
llega a punto climático.

Fin de la presentación, haga clic para salir.

Narciso

Haces bien en no creer en lazarillos
las canciones son señuelos
los poetas, traficantes.
¿Y confías en las olas
hermosas   tiernas   rudas
reincidentes en el dolor?
Debo surcar la marea
¡ah que tú escapes!
La palabra es sólo arte efímero.
Haces bien Narciso en no fiarte de tu rostro
conga silente voy.
Muestra Courbet el origen del mundo
¿no ves que tengo casa en Arlés?

Notas para un estudio etnográfico

A Levisa, Mayarí Abajo

Mi marido tiene una amante
eso siquiera es noticia.
Yo también tengo un amante
mi marido afila los cuchillos
y tiene a buen recaudo la soga
seguirá la tradición del pueblo.
Durante un tiempo prudente
fingimos equilibrio familiar
caeré de forma inevitable en la trampa
que otras tantas mujeres históricas de la localidad.
Él nos dejará tiempo para el deleite
ubica su puesto de mando
en alguna zona estratégica
donde habremos de consumar la herejía
nos observa
la culpa erecta entre sus pantalones
y entonces el mismo grito de ayer
vuelve a ser noticia.
Algunas vecinas dicen que soy una gran puta
para otra mala madre
piensan en mí como en la comemierda con mala suerte
las menos, me ven como a la mártir
preparan flores, biografías y condecoración *post mortem*.
Mientras esto sucede
la movilidad social hace de las suyas
la amante de mi marido
ascenderá a respetable viuda
minutos después
de que se cumpla la tradición.

Temporada sobre ruedas

Mi padre coleccionaba bicicletas:
chinas   húngaras   cubanas
transnacional existencia
sin registro de inscripción.
Crecíamos juntas
aunque a veces nos rompiera en piezas
para reinventarnos:
piernas   pedales   carretera.
Mi padre traficaba bicicletas
y utopías familiares.
Sacó patente de corso para la genética cena
mientras los cangrejos carcomieron sus entrañas.
Algunas veces fuimos
a envolver nuestros sueños entre olas.
Mi padre me enseñó
que hay que ponerle piernas y cabeza dura a la vida
aferrarse al letrero:
Temporada sobre ruedas.

Anisley Díaz Boloy

Play

35 milímetros. dentro. buscar
mentir. de pie. descreer en la resistencia
erizarnos
suplicarle con los ojos piedad
gatillo penetrándome el dedo
sus labios
tragarme. su cuerpo mis lágrimas
mis senos en su sexo
la pólvora excitarse
mi pie en su boca
sucesión de orgasmos
pedirme que le masturbe
35 milímetros hundidos entre los dientes
no recordar por qué sigue ahí
el sudor suyo   limpiarme
los perros jadeando
sin poder orinar
realmente no separarnos
danzarle. de costado. arriba
abajo. como nos venga en gana
pedirme que grite
su nombre
su nombre
su nombre
pofffffffffffff.

Cefalea

exactamente no sé dónde poner la cabeza
si la apoyo en tu hombro se derrama
la sumerjo dentro-fuera de mí y todo conspira
la fijo perpendicularmente en el vacío
se llena de anagramas de silencio de peste
las puertas que tiro
duelen a la cabeza intencionalmente
todo da vueltas marea
introduzco dos aspirinas y un té de lechugas
para hacer sostenible la cabeza
necesito saber dónde ponerla
cómo administrar los residuos que la inflaman
saber qué le satisface, ¡coño!
y de una vez por todas, dárselo.

Bajo sospecha

cómo será despertar con el gato entre las piernas
verlo maullar el susto
la memoria resultante del esfuerzo.
cómo quedarán sus ojos ante la ignominia del usurpe
ante el repetido intento de la fuga
que ya no es sino esencia.
he vuelto la sien al sol
me he quebrado las rodillas y el verbo
puesto las manos donde no se alcanza
pero nada me resume el dolor
mucho menos las miserias del que espera
con la quijada hincada a la carne
mientras se trafica el hombre
detrás de la ceiba que justifica.
cómo serán sus vidas después del ir
cómo supondré mi metaformidad
cómo dejaré el tránsito a los abedules
las venas que revientan
cómo   dios   entonces   llegar a ti
qué debo sacrificar
cómo será   madre mía
despertar con el gato entre las piernas
y no sentir esa fiebre
esa prisa   esa caricia   de la muerte.

Patriotismo

tengo un terrón de tierra en la lengua
lo mastico y se multiplica
porque estoy seca
muy seca
de lo contrario podría acabar con él
mis muelas hacen lo suyo
se esfuerzan el doble el triple
en algún momento podré tragar.
me pregunto qué pasará después
cuando no tenga más terrones de tierra
en la lengua
en los pies
en la sien.
dónde pongo esa necesidad
deseo de habitarme en algún sitio
pero cuál será.

Estoy sitiada por una energía
(a veces cinética)

con adornos de manteca y mermelada
que me sirven para resbalar.
estoy deseando que me cojas por el mango
que me pruebes
que introduzcas la lengua y hagas lo preciso.
a veinticuatro contracciones por segundo
estoy rodando encima de tu rollo
que es mi rollo y mi discurso.
mis células componen esa imagen
silbo para orientarte
porque hoy fuiste mi elección.
todo lo que piensas es cierto y me atrae
por eso permito que me aclares geométricamente
y te burles de mis antepasados
estoy siendo trasplantada en este minuto
sobre la breve ocurrencia de tu cuerpo
y no dices
porque esa energía también ha llegado a ti
pero no resbalas
y desde tu ausencia hay otras veinticuatro contracciones que
se largan
estoy llamándome imprudencia
lo que digo es una parte de mí que no escucho
como todas las existencias estoy siendo provocada
y a mi cabeza le duele tu cabeza
y a mis pies le duelen tus pies
y a mis manos le duelen tus manos
y a mi boca
a mi boca la circunda este giro expiatorio que no acaba.

La yagruma es mentira

el parque, la viola, los granos de azúcar
los zapatos de dos tonos
el diente de león
la cámara apoyada sobre el sofá
garcía y su piano
los nudillos de serpiente
febrero y sus espasmos
que me digas que sí
que te escriba sin rabia
aquellos puentes que no se erigieron
tú / yo
los trecientos setenta alaridos
que sobaron mi puerta
las cosquillas del sol
tus cafés y mi perro
esas ganas de todo
que aprendamos a fingir
mis piernas en cruz
no saberlo tampoco
para mí es mentira.
digamos fue la nostalgia
de sabernos accesibles
la broma del susto que nos sobrevaloró
ahuyentando mariposas
sin permiso de dios
pero al final
bien lo sabes
es mentira.

Cómo se descontextualiza ese pez

será al fin su deseo
cuando ese pez me observa
como si yo lo entendiera
es porque realmente yo lo entiendo
será verdad que yo lo observo
ese pez es una realidad paralela
siempre desde el silencio.
en la mordida del hongo
está el resultado de la desidia.
mi vida cambió
mi percepción de la vida cambió
cuando escribo
escucho sonidos de ciertos peces
y me provocan ansiedad
por eso yo escribo poesía
para calmar mis branquias.
el sonido de ese pez es algo definitivo
el contexto de ese pez es algo implosivo
el perdón de ese pez es algo bien serio
lo mismo que sus escrúpulos
ahí radica toda su verdad
para poder descontextualizarlos
hay que lamerles
con la punta de la lengua
embarrada de girasol
así comienza todo
con un deseo y una idea
y una acción premeditada.

Eriakna Castellanos Abad

Exuberancias de urbanidad

Las calles me conducen
hacen que parezca obscena en la manía de trasquilar sus torres,
vuelven el rostro como quien lo advierte
no saben que cargo los senos, los apuntalo al margen del derrumbe
porque escucho imperdonables voces que me nombran
me arrastran hacia esta oquedad
para que les secunde en su blasfemia
– designio inoportuno-.
Son ellas causa en el descenso, saben que me cuesta regresar
que nadie me conoce donde el ritual pagano
a fuerza de tambor y cuerpos lúdicos
expone esta costumbre de girar sobre nosotros.
Ante lo inevitable de la posesión marcho calle abajo
me persigue a quema ropa
para avisarme del último llamado
luego se despiden desde este cuello al que se aferran
porque no podré ser parte en el naufragio.
Las escucho andar detrás de sus paredes todavía húmedas
a pesar de mí, dentro de mí, sobre el asfalto.
Seguras como nunca ha estado nadie hacen que golpee esta cabeza
hasta sentirme libre, tal vez porque de eso se trata
saberme antojada para la carrera de estos días en que no es lo mismo
por eso trasquilo torres, hoy lo sé.
Se me ordena fracturar el paso,
ir en contra de esta esclavitud que me padece
y si no puedo mantener su condición
porque otra vez las voces me persiguen, tientan el aliento
cuando no me sirven otras calles y las niego.

Presagio

> ... y si le das la oportunidad de incrementar su crecimiento
> o de invadir nuevos territorios,
> causarán infección.
> Robert J. Sullivan

Las bestias de siempre
           se ocultan tras sus barrios.

A tiempo para descolgarse
quiebran sus primeras damas
advierten la señal que es esta guerra
                      emprendida contra Dios.

De cuando Dios no estuvo

Esos,
los de cuero,
los inmaculados,
no saben que una vez
erguimos muros para protegernos
de jinetes con alas de mimbre
creyendo que a la ciudad le nacían garzas, abejas,
motivos para desconfiar si abríamos los brazos
y se nos llenaban de bellotas.
Nadie advirtió el salitre que a escondidas
corrompía huesos con membrana
porque el Padre Nuestro que estaba en los cielos
anduvo con el reproductor adjunto a sus oídos.
Era cuestión de refugiarnos.
Luego nos vino como anillo al dedo esta distancia,
fuimos pared abdominal con esperanzas…
pero los inmaculados, esos, los de cuero,
pactaron las tardes de estos días
y otros días,
otros…

Over the fever

Over the fever I
¿Dónde están los que vienen a dejarme las manos abiertas?
Quizás los halle ante la puerta equivocada
porque es tarde para renunciar al crédito invisible.
Dueños de siluetas que amordazan
me llevan de la mano hacia donde alguna vez
se torturó a quien osara escribir
sin tomar en cuenta sus buenas intenciones.
Se vienen encima como adolescentes;
marco sus números en cruces hechas de alcohol, incienso
otras normas
cuando padezco en estrepitosa convulsión.
No importa si después del delirio sobrevivo a esta sed;
vale asegurar que hago lo correcto,
que no habrá Viernes Santo ni genios ni puertas cerradas
                                             /al descuido,
tentaciones de la sacudida próxima
cada vez más alta
ahora menos perceptible.

Over the fever II
¿Dónde los que andan tras el susto?
Van de termostáticos sin miedo a ser reconocidos
por quien todo lo ve y nada dice del fin
que nos pisa los talones pretextándose suerte
donde cruzo una taza de café yemado para la extinción.

Ahora comprendo:
los que tocan vienen a borrarme de sus barrios,
implantan un chip por conveniencia
no vaya a ser que me desnude
destierre recursos alegándome insecto
consiente de cada *lapsus mentis*.

Abren las puertas
muestran el plato principal,
el brindis en nombre de la buena caza es su pretexto.
¿No lo saben? Hoy doblan turno los vigías y será como
/siempre:
compresa frontal hasta convulsionarme al borde de la sima.
Over the fever III
¿Sobre qué madera los padezco?
Ante esta lasitud de puños me reforman,
es orden sagrada golpearme las costillas con aire de grandeza.
Oigo su respiración cerca del oído medio
y ese aliento no es precisamente karma
porque estoy a punto de profundizarme ante esta multitud.
Vago sobre las torres
yesterday al borde del cinismo
ahora menos muerta e igualmente vista desde lejos.

No voy a hablarles.
Convulsiono para asirme a esta sed
amén de quebrarme las pupilas.
Sé que se burlan cabizbajos
mas no advierto sus nudillos ahora lejos del umbral.

The pollution, el ángel

...Luego de la primera comprobación de la ceniza,
reinaba la peste invitando al ángel...
Salió resuelto, títere de espaldas al anatema bárbaro.
Lo perseguían para herirle el fémur a pedradas,
su recompensa: verlo caer sobre la bestia abrasadora
/entre sus morros
casi a punto de dislocar un adoquín preciso
brotar con olor a sangre que excomulga,
salpicar paredes dispuestas a manera semicircular
y seguir camino.
Estos fueron sus deslices, no hubo pausas,
solo la peste abriéndose paso.
El ángel era quien venía de regreso,
óbito fetal desde sus tobillos hasta el vértice del cráneo.
Fue entonces que atamos cuerdas a los parques
tirábamos con fuerza como quien intenta desprenderlos
otearlos hasta ver los rostros contracorriente
habitantes del Nuevo Testamento.
Esto no fue designio alguno,
era necesario despojarnos de gestos negativos
mostrarnos como víctima contaminada.
Este ángel nunca supo que crecía la rabia, no hubo testigos
resbalaban sus manos delgadas entre amarres de sal
porque hay causas que mueren inconclusas,
obligadas a permanecer.

A manera de advertencia

Pude haber tocado a Dios
pero en aquel entonces seguía manuales
que indicaban todas las legislaciones.
Si sentíamos deseo de arrojar la casa donde crecimos
siendo inertes a cambio de tocar luces que inmortalizan;
éramos insectos que no temen a frases *to go back* y padecen
mordeduras.
Para quien apostaba casi a punto de cerrar la boca;
un síndrome abstémico asistía a la caída de sus propias
/manos.
Si alguno quedaba en el impulso
conocía esa puerta de donde nadie ha regresado
a donde no hay lobos sopladores, ni Alicias
menos Cenicientas
todos como granos de arroz anunciando la buenaventura.
Tocar a Dios en ese instante,
habría sido como detener el curso de las cosas,
admitir esta presión contra natura
desbocada en el reverso de la casa
cuando nos exhibimos porque no hubo dioses.
Perdimos la medida principal, sólo nos queda la niebla,
esta angustia tomada por muñones
que no tiene cabida ante la cruz.

Cielo nuevo tierra nueva

> Con los que llegan
> se cruzan los que huyen, precipitadamente.
> César López

Los condenados han oído hablar de leyes,
del fondo monetario cuya prioridad ve más allá de sustos.
Saben que no es cierta esta descarga a plena mañana.
Buscan evolucionar tras el recto contraído
emerger rodeados de una muerte adoptada
en un puerto pagano de la Gloria Oriental.
Se pierden con ansias de los sin regreso
   ...pues hay una extraña inclinación
                      a confundir las cosas;
                                por ejemplo: ...
gusanos que vuelven
hacen sus apuestas a ver si la lluvia les bendice en viaje
porque añoran estar solos, deambular sobre y entre los
                                    /escombros
preparar la entrega sumisa de todos los rebeldes
por si llegara una sentencia como estallido
solo para el desplome fuera de estación, sin luces.
Han oído hablar incluso de resurrecciones,
y aun así ignoran su ausencia en la marca sagrada,
nadie les avisa que es cosa de azares ser burbuja
que podrán morir y no será nuestro el veredicto.
Ellos no mutan ni comprenden, tampoco aplauden
son lo moderno de esta especie,
arrastran la culpa que persiste
pecadores sin noción de riesgo
avanzan hacia el purgatorio
donde los esperan para hacer que les corten las cabezas.

Marcos Antonio Hernández Arévalo

Plegaria

No permitas que el gusano
de la imprudencia nos trague.
No permitas que se apague
el farol, aunque el verano
escupa. Ven soberano,
a destruir el señuelo
de la angustia y el desvelo.
Líbranos de las barbaries
que reproducen las caries
sin probar el caramelo.

No dejes que la polilla
nos convenza con su labia,
ni facultes a la rabia
de rompernos la vajilla.
Que ninguna alcantarilla
se coma nuestra moneda.
Nunca dejes que la rueda
de la tentación nos mate.
Líbranos del disparate
en el tiempo que nos queda.

Padre que juzga y regaña
sin dejarnos de querer,
jamás nos dejes caer
en la tela de la araña.
Muéstranos cuál es la maña
para salir del apuro.
Sácanos del cuarto oscuro
donde apenas se respira.
Llévanos de la mentira,
para algún sitio seguro.

Tú que lo conoces todo
y escuchas el pensamiento,
que no termine este cuento
ensuciándonos de lodo.
Que el diablo, de ningún modo
nos involucre en un trueque.
Vacúnanos contra el *teque*
y la politiquería.
Córtanos a sangre fría
el temor y el *ñeque-ñeque*

Límpianos, si nos alcanza
el humus de las lombrices.
Ahuyenta las codornices
que se comen la esperanza
que nos queda. Ven, alcanza
la estrella que nadie pudo
y dánosla. Quita el nudo
que nos aprieta. Un enjambre
se oye venir, si es el hambre,
mátala con tu estornudo.

Dios, si me escuchas te pido
exterminar la tristeza,
que no venga a nuestra mesa
a cumplir su cometido.
Apártanos el oído
de aquello que no conviene.
Pincha el pus, para que drene
el tumor de la malicia.
El claxon de la injusticia,
haz que más nunca le suene.

Adonay, Padre bendito
que observas desde lo alto,
fúndenos con el cobalto
para sostener el grito.
Ábrenos el apetito
de buscar sabiduría.
Arráncale de la encía
los dientes al carcinoma,
no vaya a ser que se coma
nuestro pan de cada día.

Extiende señor tu mano
sobre mi Isla, coagula
tanta hemorragia, simula
que somos el Vaticano
por un día, que al cubano
jamás lo duerma el vaivén
de las olas, donde estén
tus hijos, destierra el mal,
que estar rodeados de sal
nos purifique. Amén.

Mandamientos

> Y no olvidéis que Dios no cumple con los
> mandamientos de la ley de Dios.
> Roque Dalton

A Dios debes amarlo por sobre todas
las cosas que componen este abismo.
Al prójimo amarás como a ti mismo,
son las reglas del Coloso de Rodas.
Caminas, y no adviertes que te enlodas.
Avanzas por el borde del peñasco
sin el arnés, sin güinches, sin el casco,
avanzas sin pensar que retrocedes.
El vino es muy amargo, pero puedes
beberlo, sin los síntomas del asco.

Soporta el aguijón del alacrán
que rompe la epidermis en el dedo.
Siente bajo los pies todo el enredo
que logra producir el alquitrán.
Eligen nuevos jefes en el clan.
Hay mucho ruido, pero pocas nueces.
Ya nadie multiplica nuestros peces,
ni incrementa los panes, Eliseo.
Para encontrar entonces el trofeo,
abren el esternón a los cipreses.

Al coro se le acaba la energía
y comienza a perder sus facultades.
Nos contaminan las enfermedades,
pero nunca enfermamos de alegría.
En esta caminata ¿quién nos guía,

tan próximos, tan cerca del abismo?
¿Cuál es el mandamiento, el exorcismo?
¿Se habrán equivocado y no lo admiten?
Con qué vergüenza anuncian y repiten:
Ama a tu prójimo como a ti mismo

Apagan el mechón y no comprendes,
por qué habrá sido en medio de la noche.
Te cubre los dos ojos el fantoche
hasta ver el mechón, cómo lo enciendes.
Por mucho que te empeñas no comprendes
que hay verdades que aún siguen ocultas,
pero en vano blasfemas y te insultas
si en el cuello la soga se te enreda.
Debe ser (esperar) lo que nos queda,
hasta que disparen las catapultas.

Los círculos, la suerte, la ruleta.
El rostro con el tiempo se nos marca.
Noé nos expulsó fuera del arca
y un diluvio terrible nos inquieta.

Alguien gira en el aire la peseta
oculto, sin hacer alguna bulla,
para luego salirse con la suya;
sabe que ganará después de todo,
se conoce muy bien cuál es el modo
para que el hombre mismo se destruya.

Nos vienen a buscar, ya lo dijeron
y lo plasmaron en las escrituras.
Los fieles subirán a las alturas,

al foso, los que nunca obedecieron.
Este lugar en el que nos pusieron,
ninguno lo pidió para el bautismo.
¿Por qué nos amenaza un cataclismo?
Imploramos a Dios que nos perdone,
pero resulta que también se opone,
a amar al prójimo como a sí mismo.

Catarsis

¿Por fin vamos a hacer lo que nos toca,
o andaremos detrás del conformismo?
¿Habrá que proseguir hasta que el sismo
reviente los extractos de la roca?
¿Tendríamos que cosernos la boca
y luego almacenarnos en un pomo?
¿Leernos un manual tomo por tomo
para poder llegar a la otra era?
¿Batirnos en contra de la ceguera,
aunque vencerle no sepamos cómo?

Debemos comprender y dar por hecho,
que ningún mal nos causa lo que apesta.
Habrá que definir lo que nos cuesta
la vida, mientras colgamos del techo.
Atravesar el túnel más estrecho
aunque la claustrofobia contamine
y el pensamiento se nos desatine.
Tendremos que ser parte del diptongo
y nunca descuidarnos del *jolongo*
para que encima el perro no se orine.
Tomar el personaje del cretino
para no distinguir el bien del mal,
y con el techo todo de cristal,
lanzarle piedras al de mi vecino.
Aunque se nos perfore el intestino
ser dóciles, así como el caballo,
seguir quietos hasta que venga el rayo,
conscientes adentrarnos en la mierda,
en el pescuezo colgarnos la cuerda,
dejar que nos trituren con el guayo.

¿De qué rama vamos a sostenernos?
¿Para calmar la sed, cuál es el agua?
¿Cómo no ver las manchas de la enagua?
¿Cómo ir por el puente sin caernos?
¿Cómo cruzar el bosque sin perdernos?
¿Cómo saber los truquillos del mago?
¿Quién entra con pirañas en el lago,
en una carabela de origami?
¿Quién se atreve a surfear en el tsunami?
¿Quién toma los océanos de un trago?

Habría que adaptarse a las ampollas
debajo de los pies, a la costilla
con fractura, al agua en la barbilla,
con riesgo de flotar como las boyas.
Habrá que estar alegres con las ollas
vacías, convertir las calabazas
en carruajes, bailar sobre las brasas,
como los perros exhibir las lenguas,
para corear sin miedo el trabalenguas
del loco, tan común entre las masas.

¿A dónde está el meollo del asunto
que no lo especifica el alfabeto?
¿O para conocer de tal secreto
debemos revivir a algún difunto?
¿Debe decir perdón después del punto
final, porque la nota llegó tarde?
¿Debemos inventarnos un alarde
cuando la piel completa se descarna?
¿Redoblar el valor frente a la sarna,
porque nunca se ha escrito del cobarde?

La respuesta confía en la pregunta,
para no involucrarse con la estafa.
¿Alcanzaría entonces la jirafa,
de la estrella polar, alguna punta?
En esta embarcación que se nos junta,
la falta del oxígeno sofoca.
La multitud se extingue. Abre la boca
un pez. Lejos una campana suena.
Atraviesa Paris, el río Sena,
hasta ver el destino que le toca.

Apocalipsis

> Porque se levantará nación contra nación,
> y reino contra reino; y habrá pestes y hambres
> y terremotos en diferentes lugares.
> Mateo 24:7

¿Por qué abruptas señales
marcan el fin de los días,
y resultan profecías
jeroglíficos fatales?
¿Qué conjuros ancestrales
invocan a los dragones,
para volar en legiones
sobre este barco de arcilla,
y sumergir la semilla
en cúpulas y panteones?

Ya subastan al cordero
huésped en el paraíso,
el agua de este bautizo
y ofrenda para el arquero.
¿Qué ganará un heredero
del Apocalipsis, donde
solo el enigma responde,
y junto al árbol que crece,
una pregunta envejece
y la respuesta se esconde?

Tal vez perdió esta comarca
para siempre su amuleto,
con la dádiva, el secreto
y los pasajes del arca.
Son los hijos del monarca
recorriendo la silueta

de esa fortuna incompleta
que seduce, para luego
ser náufragos en el juego
invicto de la ruleta.

Fósil

Eva, ¿por qué compartiste
la manzana si sabías
el delito que tenías
en tus manos? Le mentiste
a Adán y lo convertiste
en tu cómplice. ¿Qué has hecho?
Eva, sin ningún derecho
violaste el pacto. ¡Qué atroz!
¿Jamás pensaste que Dios
te miraba desde el techo?

¡Qué barbaridad! La fruta
del árbol con la mordida
y una serpiente suicida
nos invirtieron la ruta.
¡Qué vida tan diminuta
nos dieron como castigo!
Pero Eva, te bendigo
por tu estrategia malsana,
aún conservas la manzana
más abajo del ombligo.

Sencilla exhortación

Háblame, quiero escucharte,
no te vayas tan de prisa,
perderte me aterroriza
cuando ya comienzo a amarte.
Espera, déjame darte
el mejor de mis corceles,
aguarda, no te rebeles
si te incitan los enojos,
ven, que al mirarme tus ojos
echan frutos mis laureles.

No dejes que la carcoma
termine con mi ciruelo,
cuando te brindo mi cielo,
para que vueles, paloma.
Esta soledad desploma
los horcones de mi casa,
tu recuerdo es una brasa
que no consigue apagarse,
la hoja, que al afilarse
mi corazón despedaza.
Date prisa, ven conmigo,
que de amor ya te sentencio,
háblame, porque el silencio
tiene forma de castigo.
Llovizna sobre mi trigo,
acércate, no te vayas,
ven, coloniza mis playas,
revierte todos mis males,
mira que mis manantiales
se secan cuando te callas.

No precisas de cautela,
mujer convertida en musa,
ven y recoge en tu blusa
los frutos de mi parcela.
Ven y entona tu zarzuela
en medio de mi comarca,
ven ahora y desembarca
tus caricias en mi puerto,
ven, que al fin he descubierto
mariposas en mi barca.

Aviso

Llegas a tiempo, la puerta
se abre de par en par,
si has decidido pasar
es porque gusta mi oferta.
Es preciso que te advierta
del barro y el alfarero,
la carcoma y el madero,
sobre el dolor y la causa,
cuando es vital una pausa,
cuando sobra el aguacero.

Llegas cuando más preciso
las formas de tu paisaje
y derramas tu brebaje
en mi boca sin aviso.
Llegas cuando todo el piso
se me inunda de esperanza,
cuando el odio y la venganza
no me derrumban el techo,
cuando el trigo que cosecho
alimenta mi confianza.
Te advertiré del hollín
que me ensucia la camisa,
del temor que paraliza,
del juego del Tim-Marín,
te advierto de mi rocín
salvaje, de la respuesta
y la pregunta, la cuesta,
lo que a nadie se promete.
Advertir, hoy me compete
a quien procura mi fiesta.

¿Tú, dime si es necesario
hablarte de lo imperfecto,
de la duda y el efecto,
o me ahorro el comentario?
No preciso un adversario
que entorpezca mi cruzada,
necesito en la avanzada
bálsamo para mis pies,
y cuando exista el revés,
aliento para mi espada.

Carlos Manuel Villanueva Madrigal

Abandono

Dejaré continuar estos impulsos,
extinguiré la luz de mi cerebro.
Por culpa de esta carga yo me quiebro
con mis pobres anhelos tan convulsos.

Me descuido sobre el céfiro. Corro
por un nácar cuita en soledad.
El pasado se vuelve vaguedad
y del presente los recuerdos borro.

La ermita temblorosa de mi mano
apaga su razón. Se vuelve ufano
el piélago que llueve sobre el trono

y dejo sucumbir a la mesnada.
Asfixio el palpitar sobre mi espada:
alcázar del amor al que abandono.

Al precio del abismo

Quiero apagar un suspiro vitalicio
que deje en la tarde el silencio diezmado,
susurra en los poros la miel del oficio
exhausto de un roce que vuela callado.

Envidio fluir al minuto que queda
exento de noches de fuego y rituales.
Adornas la daga con nubes de seda
sabiéndote causa de todos mis males.

Y llegas tardía, mi estrella de invierno,
(volcánica, frágil que adora lo arcano)
y juega en la sombra de mi sempiterno.

Consumo el abismo de algún dios pagano,
al costo que enerve la hiel del infierno,
para estar a solas mi beso y tu mano.

Debajo de la piel

Qué difícil es cambiar cuando uno mismo
se levanta una barrera, se confunde
o se pierde en el vacío del cinismo.

¿Y si el verso es como un tronco que se hunde?
¿Cómo puedo despojarme del fracaso?

¿Cómo voy a redimir todas las notas
que trascienden en la línea del ocaso
esperando amanecer tristes y rotas?

Es abrupto contener las tradiciones
cuando llega un amasijo de emociones
a invadir toda la calma del papel,

porque puede que al final sea un invento
y tengamos que escribir en otro intento
los poemas que hay debajo de la piel.

Parábolas

> Y convivo con siluetas
> en un mundo de neblina.
> Jesús Orta Ruiz.

La sombra de una caricia
me quema sobre el cachete,
apólogo que arremete
y que a los sueños asfixia.
Bajo una luna ficticia
van mis lágrimas secretas.
Soy el blanco de saetas
que vuelan desde el espejo
pues reposo en un reflejo
y convivo con siluetas.

Parábola del intento
suspendido en un abrazo
que desdibuja mi trazo
como alfileres de viento.
Inmoderado presiento
que un velo se difumina.
El mutismo recrimina
la magia de una cadena,
que extingue mi voz ajena
en un mundo de neblina.

La sombra de un blanco demonio

A tientas descubro mi blanco demonio,
respiro sediento su hedor inmortal,
añejo y lascivo, cuando en matrimonio
naufrago cubierto por níveo fanal.

Libero los tiempos que esconde la lluvia;
cristales dormidos se alejan de mí.
Jamás he tenido mañana tan rubia,
cuando en sacristía su sangre bebí.

Prefiero el mutismo glacial que procuro,
arcana es la noche, mas límpido el muro
que guarda la esencia doquiera que voy.

La luna acaricia su nube de plata,
lo mismo que mima tu pelo escarlata
y tuerce la sombra confusa que soy.

Testamento

> Corazón que lleva rota
> El ancla fiel del hogar;
> Va como barca perdida,
> Que no sabe a dónde va.
> José Martí.

Partiré. No llevo tanto,
solo el amor y la herida
que me dejaran tendida
la Musa en el camposanto.
la trinchera que levanto
desintoxica mi piel,
y son los latidos del
corazón que lleva rota
la maquinaria que azota
al verso sobre el papel.

Sin la magia del carruaje
partiré, voy sin destino
dibujándome el camino
a la sombra del oleaje.
Me reservo el abordaje
de las montañas al mar,
los brazos para arrullar
un confundido hematoma,
cual náyade que retoma
el ancla fiel del hogar.
Partiré sin latitudes
porque visto una cadena
de sangre. Se vuelve arena
el tiempo en los ataúdes.
No propongas. No me ayudes
a deglutir otra herida.

Navego en la repetida
incoherencia del regreso
a tus paisajes. Mi beso
va como barca perdida.

Partiré casi sin nada...
Voy sin puntos cardinales,
mas tus caricias finales
se amontonan en mi almohada.
La rima desorientada
busca un papel que no está.
Reflejo que pasará
sobre tu adiós simulado
como un suspiro apagado
que no sabe a dónde va.

Enigmas del silencio

La mirada es un romance
entre dos mundos ajenos,
tan deseosos de rozarse
con la punta de los dedos,
impaciencia de un segundo
atrapado entre los sueños
de una pared inmensurable
que se acrecienta en el pecho.
La mirada es una frase
que se escribe con un beso
para unos labios que vuelan
desde la frente hasta el cielo,
acertijo que fecunda
los enigmas del silencio,
cofre donde se atesoran
insospechados secretos.

Mailin Castro Suárez

Igualdad

Mi amigo y yo, crecimos juntos, apretados
bajo la misma estrella solitaria
él miró más allá de las palmas, la ruta de Cortés
y tuvo en Moctezuma un delirio.
Se creyó libre.
Yo, sin embargo, espero que no olvide
las grietas del atardecer.
Las veces que encontramos la palabra oculta
entre esas enredaderas
que no florecen ya.
Mi amigo y yo cantamos el mismo himno alguna vez.
Las consignas, los versos.
Aunque ahora no está
y son iguales las palmas, los ciruelos.
Menos nuestros, es cierto.
Menos imprescindibles.
Le quisiera decir cuánto han cambiado
las tardes, las canciones.
Mi amigo y yo, nos juramos lealtad
pero se ha ido más allá de las palmas
al Tampa de Martí
y no me quedan versos, consignas,
ni más lealtades.

Patria potestad

Mis hijos corren por la casa
cuando su abuela no está.
Gritan, patalean
hasta que ven el cinto de su padre
en manos de su madre
danzar en el aire.
Doy un golpe y recuerdo los tiempos antiguos
qué tiempos aquellos
en los que abuelo
me torturaba con el periódico.

En cada Viernes Santo

profanaba tumbas para hurtar calaveras
escogía las más ennegrecidas.
Desnuda se iba al jardín
a juntar yerbas para hacerles un cuerpo
sin memoria
y las cubría con sendos girasoles.
Más de una vez la sorprendí dormida
las yerbas en su piel
me seducían
pero era Viernes Santo
y en esos días me resisto a pecar
ella lo sabe o lo intuye
y solo en esos días se aventura
a remover mis huesos
sin memorias.

Ecuación lineal

Mi madre cree que no conozco el suelo
me sabe distraída y piensa
que no habrá luz detrás de mis pisadas
pero la hierba es suave casi como la noche.
Conozco sus colores
los restos que desprenden en mí
si me sumerjo.
Pude pensar que no
pero hay un rastro en cada cosa.
Ella me mira como si yo no fuera su hija.
Yo miro a su esposo y sé que no es mi padre
pero fingimos ser como las flores
hierbas de otro silencio
cuerpo hundido en otros cuerpos.
No sabía que la tierra guarda esos suspiros
que el dolor es un ave que pica las entrañas
aun cuando no sabes.
La tierra es un silencio que grita
nos grita las miserias que somos
y escondemos el rostro para morir sin prisa.
Ayer llovía tanto y sin embargo el viento nunca supo
a dónde iría el polvo que fue huella
pero la tierra insiste en el recuerdo
en guardar rencorosa
todos los cuerpos rotos
las hierbas
los diluvios.
Hay canciones en mí
trozos de sueños que nunca soñaría si fuese yo
de alguna forma no lo soy
nunca lo he sido
tendría que olvidar

pero no cesa
y mi madre no logra comprender que hay cosas
que no debes mezclar
la hierba la noche la sangre
el rencor
ella no sabe.

Necesidad lógica

A Legna Rodríguez

A las manos de una poeta le hacen falta
uñas para hurgar en la carne de los hijos.
Unos hijos que acaricia y desgarra
criaturas paridas con dolor
un dolor que persiste hasta que mueres.
La cabeza de una poeta, sin embargo
merece la amenaza, el asedio, la sospecha del asedio
una sombra que la siga más allá del silencio
y un cerebro funcional (por lo menos).
Los ojos de una poeta merecen ser gastados
frente a libros de otros poetas insípidos
aberrantes, desequilibrados.
Mientras las nalgas de una poeta
solo merecen un cómodo sillón para esperar
y resistir.

Brevísimo ensayo de las rupturas

No me pidas perdón hombre de yeso
no implores
                no prometas
                              no persistas
algo se quebró en mí
cuando dijiste eso es normal
un errorcillo que habría que abortar.
Porque los tiempos
porque el salario
porque si alguien se entera.
No me pidas perdón, no quiero
imaginar los restos de esa noche
en que fuimos falsamente felices,
mezclados con sangre y algodones
en una sucia sala de hospital.

Telón de humo

Tengo miedo dijo el poeta
y se perdió en los muelles
a leer sus tristezas a los estibadores.
Otros escogieron engordar en silencio
y un sillón de caoba donde olvidar
cuando un temblor alucinante
llenaba las alas del país.
Palabras espadas que se tuercen
en mil gargantas.
Mucho miedo
a causa del aire frío que a veces
levanta sus cortinas
para dejarlos ver el árbol verde al fondo del traspatio.
Yo era en ese entonces
una muchacha de por el Cotorro
que tenía sueños y más de una canción
entonces me desahogaba
con las cuerdas de otros.
Esos alumbramientos los borraron de mí
         y vuelvo a ser la muchacha feliz y tonta
         con ropa friki con
         una patria
         y un hijo muerto.
dos viejos pánicos para olvidar.

Ana Lisandra López Méndez

(escogido de El último verso)
De niña tuve miedo a la oscuridad
aquella oscuridad tenía pies manos y deseos
no recuerdo dónde estaba mi madre
al parecer la oscuridad sabía de su ausencia
se colaba en la que fue su casa para tocarme
como quien es dueño de la luz porque la hizo.

Nunca me comí las uñas como los demás niños al
/ponerse nerviosos
mi padre me tenía prohibido abrir la boca
prefería orinarme.
De grande me pongo nerviosa pocas veces
me muerdo los pellejos que salen alrededor de las uñas
las uñas las puedo cortar igual que hice con el miedo
mi padre demostró hace poco que orinarse no es la mejor opción.

Mi madre murió tranquila
mi abuela se ahogaba
mi madre creía en dios.

No soy una persona sensible
quién dice que tengo que serlo
la prima llora
artista
los vecinos ponen mala cara
yo traigo huellas oscuras
bicho hambriento que se come la conciencia
la luz
las sonrisas
no puedo ser sensible para quien no lo fue conmigo
siempre supe que la madre de la oscuridad necesitaría mi luz.

Los buenos artistas y los malos tienen su tiempo muerto
más los malos que son los que hacen de buenos
en esta obra me toca hacer de villana
lo estoy haciendo muy bien
los buenos artistas que hacemos de malos
no nos tomamos tiempo ni para pensar.

La obra está montada
tras bastidores los artistas y el asesino
en el escenario está la anciana moribunda
el teatro hinchado de gente
se prenden las luces
todas las miradas caen sobre mí
entro en estado de furia
no me va lo de actuar cuando la gente quiere.

Dime Pizarnik
dime Woolf
Sexton
si fue la poesía escape o muerte
díganme si para escapar debo escribirla hasta que aguante su provocación.
En las noches reencarno en alguien que imagino
logro ser feliz
olvido que voy en decadencia
solo que al amanecer vuelvo a ahogarme con mis demonios
muero en cada letra.
Las leo una por una
trato de entender qué no hicieron para intentarlo.
¡Coño Alejandra, Anne, Virginia!
cómo saber si encontraron sosiego después.
Si al descubrirlo cavo mi tumba.
Pues ven poesía
dame el último verso.

Aliuska Ponce de León

Profecía antes de morir

Estas visiones partirán un día hacia algún sitio
al lugar exacto donde la memoria fue más fiel que los perros
amontonadas repetirán la historia de Dios y el equilibrio
Puede ser que ese día no posea instantes para ver el espacio
desde el único círculo que nombran mis pupilas
y me sobre la muerte
y me falten vocablos
Estas visiones partirán con el mismo cansancio
que parten los difuntos después del mediodía.

Testimonio del condenado

Ahora revivo las visiones
Nada condena la lejanía del tiempo
Los testigos resucitan del holocausto con la fe en las manos
Como si hubieran escrito el nombre de Dios
                        en la naturaleza de un tormento
No confiesan la culpa
el pecado que cayó desbordado en la noche
                        con la esperanza de rescatarse
Este es el paraíso
Todavía hay una verdad mayor
que acercarse al árbol y morder el fruto en silencio
mientras los ángeles burlan la impiedad del hambre
Lo importante es desaparecer cuando el fuego le nace a la luz
Y el instante es la realidad exacta que nos protege.

Crónica de un proyectil

Tu destino no era la fibra atravesada
ni la sangre hecha río en la tierra
Pero perdiste el miedo a los hombres
Fuiste fiel a la caída
Sentiste el dolor de la última vez
cuando Vulcano señaló tus formas en la noche
Y regresaste nuevamente a habitar entrañas
porque no hay artificios que salven de la guerra.

A propósito de la soledad

La gente camina, compra el pan, mira el espejo
No sospecha la ausencia, la fuga repetida
El estado inconsciente y pálido del alma
que permite aún caminar, comprar el pan
sentir los sabores del tiempo en un instante
aunque muchos crean que el tiempo es insípido
La soledad es algo más que desamparo y vacío
es la calle y el pan
la mueca ante el espejo.

De almas

Nadie nos reconoce en esta edad de agonías
La muerte no es siquiera la travesura de la vida
Nadie nos reconoce
es imposible después de tanto insomnio
Nos hemos derramado del cuerpo
somos fragmentos de miedo inundando calles
Tropezando en las esquinas del asombro
Ahora la ciudad tiene sus sueños
Alguien despertará con la estrella equivocada
y nos hará cómplices otra vez de la luz
como el día que los ángeles adivinaron la carne.

Presagios del final

Frente a las casas desfilan los muertos
Es un designio esta ceremonia
Nadie los ve
Un niño juega a morirse a en la ventana
Ellos pasan, perdonan su insensatez
Yo también hubiera apostado una moneda
en el absurdo de defender la vida este día
Los muertos desfilan al otro lado de la calle
Arrebatan pesadillas al tiempo
No se detienen
Mañana tocarán a mi puerta.

Autodefensa

¿Quién nos culpará de tanta inexistencia
si existe el polvo que anunció los huesos?
¿Alguien puede soportar los héroes muertos del cuerpo?
¿Quién condena al árbol que alucina su sombra
la mano que derrite la venganza
el error en el convite de las teorías?
Nadie me niegue el universo en la garganta
Las palabras olvidan repetirse
Es el cansancio otra oración al miedo
estación de letanías donde lo humano desangra su esencia
¿Quién nos culpará de tanta inexistencia?
¿del ruido al morir?
Si ellos no se atreven todavía a nacer.

Saraí Soler Jordán

Memorias de la torre de la armonía:

I
Ella montó en un carro rojo.
Quizá a ganar vino
quizá a perder vida.

II
Con el sonido del ave
me adormezco
y estoy en la nada
el todo
en la liviana pesadez
del sueño.

III
La taza de café
los labios que...
transpiran
halos azules
el olor de tu sexo
entre libros
y el ajedrez
cuando la reina
se ofrece
al rey
gustosa
voluptuosa
dispuesta
a que degusten
en jaque mate
su sangre

en murmullos
de la violeta
que jadea
al primer embiste.

IV
Será acaso político
pelar ajos
para hacer
arroz
alimento
cadáver sumiso
al pie de la cocina.
Será acaso misión histórica
el acto
como estrategia
cuando eres
un peón más
en jaque mate.

V
Crepita la hierba
se sumerge
en la hendidura
entre ocultismos
diccionarios de amor
y los magnos poetas
nacidos y por nacer.
Mas diviso
mi figura
en surrealismos
a lo Bretón.

Poseo todo lo que una mujer
desea y soy feliz
esta vez sin sombras ni máscaras
que irradien lo que una vez fui
lo que soy en mi inconsciente
lo que no dejo de ser
envuelta en frascos de libélulas.

VI
En la noche
transmutan tus paredes
y es grito
estupor ante lo inasible.
Ante lo que fue y no es.
Ante el olor a fluidos.
Tus paredes
aúllan
graznan
inconformes.
Como autómata
pronuncias
su nombre
el altar impúber
en que...
la situaste.
Mas estoy
existo
en el murmullo
suave de la alondra
que abandona el nido.

VII
Soy una gota de agua
caigo lentamente

caigo caigo caigo.
Soy una gota de agua
mi cuerpo
y todas sus extremidades
caen caen caen.
Sigo siendo una gota de agua
de mí se alejan
los malos espíritus
y caigo caigo caigo
me precipito
sobre mi propia masa
sobre el pavimento
sobre el surco
sobre la tierra
aún sin transitar.

VIII
Lejos se vuelven ya
las ondulaciones
la montaña agreste
el clima húmedo
la taza de café
con los bordes
en oro.
Lejos se vuelve ya
tu figura
tu risa
la ciudad que un día
es fuego
cenizas
en el árbol
por nacer
en la brisa
que despeina

mis pensamientos
tan cálidos
quizá como el vinatero
quizá como Epicuro
en la tenue fragancia
del sueño convertido
en abetos
conífera
en tierra y ancla.

IX
El hambre se pasa mejor
cuando se duerme
bajo torrentes
que caen del cielo.

X
Largas filas por pan
las cacerolas retumban.
Cuando se sufre
miseria
no importa
el sol
ni la luna negra
sólo deseas que pare
que se detenga
el estertor
la necesidad
de no padecer
lo que se coagula
y se inserta en los huesos
el frío que desalienta
en esta larga primavera de Praga.

Lisbeth Lima Hechavarría

Efluvio

Absorbe mi mundo en cada bocanada,
déjame ir de a poco cuando exhales.
Soy nicotina pura, pídeme calar tus pulmones.
Colócame en la esquina más morbosa de tus labios,
quiero desgastarme, no importa que dejes caer despectivo
las cenizas de mí consumida.
Trasládame en tus dedos hacia mi caducidad.
Esculpe la tarja y
esfuerza un epitafio antes de escupir.

Ancestros

África toda entierra en ti su hambre,
furia de bestias muertas que se te añeja
                          dentro
cual vino blanco cuando la sangre tiñe
y yo supuro la negritud de los dioses.
Aldeas caminantes sobre zancos de un cielo
a retazos de noche que llora,
que duele sobre la tierra húmeda de los hombres.

El alondra

Rodeado de lunas andas,
cabizbajo ante un cielo
que ya no brinda amparo a tus luces.
Anhelas: un barco en alta mar,
un perro, una casita sencilla,
una mujer. Una mujer de sal,
que ilumine toda la tristeza en tus ojos.
Sabina, medio sordo ya de tantas noches,
lo llamas, pero también ha de hacerse el mudo a tus súplicas.

Queda este océano enorme entre tu pecho
y seis días no serán suficientes para navegar.

Excavación

No hay un hoyo dentro del hoyo.
Un hoyo solo es un hoyo a orillas de mí,
a la orilla del ojo izquierdo, agujero infinito.
Un hoyo desciende entre tripas.
Diez metros de intestinos que acogen,
que se tuercen entre los ácidos del mundo.
Un hoyo que fagocita.
Retrospectiva de un hoyo que fagocita,
que se tuerce, que acoge, que ya no es un hoyo.

No hay un cráter dentro del cráter.
un cráter solo es un cráter dentro de mí.

Fauces

Han removido mis tripas
sacudiendo el interior con ambas manos.
Todas dentro.
Halaron con fuerza.
Un solo empuje no fue suficiente.
Lo sacaron de mí y sentí el hueco.
Nunca se escuchó ese llanto.
Cerré los ojos. Suturaron.
Acomodaron mis masas y miré al techo.
Excrementos de moscas adornaban el bombillo
matizando el proceso de la muerte.

Retrato

Que vivo en una Isla, dice ese loco.
¿Qué sabrás tú la geografía que habito?
Rodeada de mar, de sed. Vives en un país sin sal.
Se acomoda los trapos en el rostro.
¿Acaso cubre con ellos los trozos de mí que nacen?
Vives de metamorfosis contra un reloj de tinta.
De un brazo me brota el grafito mocho.

Sé que vives en una Isla
y no hay donde escribir con ese lápiz.

Pixeles

Alejo el lente y desenfoco el alma de tus besos,
de mis propios labios sobre el bicolor de los tuyos.
Acerco el lente y vislumbro las cuarteaduras.
El alma de los besos ha de ser morada,
e imagino que, si anduviese a solas, llevaría tacones.
"Morada el alma en tacones de tus labios bicolor".
Enfoco y desenfoco a la justa medida de sus pasos finos.
Según se acerca.
Según se aleja.
El alma de los besos es una puta en tacones fucsia.

Yang Tsé Bosque Hung

Bestiario

I
Un perro acecha a la vuelta de la esquina
anuncia el metal en las entrañas
mutila costillas   respuestas.
Certeza que va ganando los contornos.
Certeza y final.

II
El gato en la caja   muerto
se ciñe a los golpes
al lapidario dios aprieta, pero no ahorca
a los centímetros del techo a la cabeza
y letras que asemejan mierda de las aves.

La caja, un espacio sin moléculas
la asfixia del nudo
una boca que maldice y calla.

XI

Estos son signos de odio
recuerdan que existe más poesía en un suspiro
que en tanta metafísica publicada.
Este es un poema de esos que no han de leerse
habla de lo triste en mi portal
inmóvil, a la espera de tu ausencia incierta.

Solo el deseo es eterno
recuerdo
dolor
muerte.

Estos versos son como la lluvia en campo abierto
por más que huyas te alcanzarán
o el papel arrugado en una esquina
símil de estos signos que no han de leerse.

Naufragio

Ayer hermana tuvo un sueño
soñó con límites, veía el mar
y las burlas de una generación
que acunó profecías a la hora en punto de la crisis.

Hermana tuvo un sueño
tras las calles
CONDENA
Despertó con los pies hirvientes
y el amargo en boca de los peces que reclamaban su
/partida.

Statu quo

Las aguas aún no son tormentas
remad y bendecid
aunque esperen afilándose los pescadores,
los políticos continúen
sin conjugar el verbo escuchar en primera persona
o todo culpe la injerencia extranjera.

En el país de los sordos un mudo es rey
su boca se niega a las respuestas
aunque entiende la aritmética del poder
1+millones=hambre.

Según Lenin: *el estado es un arma represiva entre*
/ diferentes clases
pero en el país de los sordos las matemáticas no existen
ni las clases...ni las respuestas.

Gratitud

El plato en la mesa   triste
huele a infancia
a los frijoles rancios de MADRE
sazonados con lágrimas.
El acto de comer es una mueca dolorosa
comprensión
                    perdonar la cena.

Hoy, he puesto la mesa
                          y los recuerdos
sabor inmenso.

Madre

Decide curar sus llagas a oscuras
dice que el silencio es mejor que medicinas.
La sé en las noches, ardiente
mientras se rasca el cuerpo y los pensamientos
sostengo mi doctrina de engullir árboles con forma del
/blanco
o el cartón de lotería que anuncia el desayuno.

Desconoce tres puntos suspensivos
la continuidad le sabe a poco
y el sabor metálico en su boca no es suficiente fibra para
/la cena.

Madre me cree un hombre libre
le esclaviza la conciencia
que la libertad no sea más que el yugo con palabras
/rimbombantes
porque luego de alzar vuelo es imposible regresar a la jaula
y solo queda la condena del erguirse.

La peino para calmar sus nervios
el silencio me grita que sus píldoras se acabaron
que sus llagas y el insomnio nos mutilan.
Hubo un tiempo que a madre le encantaban los colores
ahora solo habita el mismo cuarto gris con un hombre libre.

XXII

Vivo en concubinato con un país que me engaña
y lo amo como la última puta del burdel
sus calles no me pertenecen
ni este mar
donde el salitre se estruja contra la boca
e impide el curso de las palabras.

Mi isla ha dicho adiós a su estirpe llevándolas en las
/entrañas
es un antojo de extranjeros y gobiernos
que habitan la yugular de la nación
hábitat de hermanos serviles
a dictámenes de aves que defecan sobre sus cabezas
por la extraña especie de tradición peninsular que
convertida en consigna
vivir y ser paria es morir.

Daniel Faxas Mojena

Exorcismo

La noche joven, escapa
la intento atrapar,
de alguna forma
descansa sobre mí.
Sobre los fríos callejones.
Se pasea seduciendo a los gatos
susurrando poemas
en los oídos de los que escuchan
para luego alejarse
y no revelar sus secretos.
Parezco un fantasma bajo las luces
voy tras ella, como una novia de luto
que baila por las calles
de una manera gitana la ausencia del sol.
Le pregunto a perros,
vagabundos y vampiros
percibo un aroma único
hecho de rocío y niebla
sus huellas con fragmentos de luna
su olor a mañana, pero nada
nada encuentro al parecer.
Finjo dormir
acecho desde mi cama.
Sé de su presencia en mi cuarto
siento su fragancia su gélida presencia
levanta su vestido y pone un pie sobre mí
quedo más frío aún.
Llama a sus demonios
y entre todos me susurran sus secretos.

Soy el caballo de Troya

las cartas bajo la mesa
la bomba en papel de regalo
un contrato mal leído.
Ser primero es lo primero
ser pecado es lo primero
tener el valor para hacer volar la piedra
es lo primero.

Latitud

En mi casa desaparecieron las curvas
aunque no había carne dura para sus dientes.
Me acordé de un viejo poema
en el que decía que era mejor recibir
vi su vergüenza en el piso
y un lienzo de su espalda,
su vello se hizo hermoso
mientras la aguja de mi lengua
le tatuaba una hoguera
la cual abracé
hasta esparcir sus polvos.

The word

Espero que no me mates
mide el peso de tus palabras
antes de lazármelas como proyectiles
que atraviesen el cráneo.
¿Dónde las encuentras?
Mejor no las leas
déjalas sobre tu lengua y bebe agua,
que se marchen por tu garganta
antes de que nos vuelvan a profanar.

Rexus Homus

Me echan de menos
lo siento en mis clavos
en la barba
en mis huesos.
Y los extraño
las hogueras
el vino, su respiración
su silencio, sus hijos,
la lujuria, el verso
su carne, su enfermedad
sus vidas, sus muertes
sus ganas de llamarme por mi nombre
aunque no me quieran vivo.

Outsider

Quiero sentarme en la luna
en la parte llena de luz
saber que los problemas se quedan
mi prisión en la que solo das vueltas
sentirme fuera de la vista de todos
y tenerlos a todos a la vista
para cuando me sienta cansado
agotado de alguna manera
dormirme en los cráteres de la cara oscura
hasta que quiera retomar
mi posición.

Primer acto

Observo el recipiente,
pienso en la comida dentro
rodeada de velas
talismanes, pétalos.
Dormir sobre cartones
me ayuda a pensar.
Soñar con un pedazo de ofrenda
no tiene precio
no sé si me dejará tomarlo.
Tal vez si le rezo
si le veo directo a los ojos
pueda tomar la comida sin ofender
los dioses no la necesitan
no tienen frío
no sienten sueño
no tienen tiempo para nosotros.

Geyler Mendoza Sánchez

Pulsos

El ojo era el signo del mal
había que sacarlo.
Luego pensé en las manos
la acción de obrar, el gesto
los pies.
El corte era la salvación
me ensañé con la carne.
En ir a lo profundo del silencio.
Fui sacando cada uno,
no había pus,
solo un corazón intacto
que desde lo oscuro preguntó:
¿Por qué?

Influencia

Voy a pintar las palabras.
Cambiar las sábanas y el café,
sobre todo, el café, su punto amargo.
La cena es para extraños
los ajustes de cuenta, el ojo omiso
cargo las ideas.
Y mi cabeza rueda,
rueda sin ser cortada,
pero descansa en el filo.
Voy a cambiar las palabras
el suelo que me sostiene
para que no se note.

Baja frecuencia

Si tocan, haré silencio.
Aunque mi mano sea la piedra
y en la garganta esté la serpiente.
Haré silencio.
Solo uno vivirá en la casa,
estará condenado al trabajo,
del trabajo a la mesa.
Comiendo fragmentos oscuros
racimos muertos y el polvo.
No pediré, no se oirá mi voz
ni las tablas contra la puerta.
Mi casa es un lugar maldito
donde se cambian los hechos
la mano daña y la voz atormenta.

Voces y ecos

Mis manos proyectan la sombra del ciervo que soy
alma blasfema escupe el camino.
Un mundo se consume en mis ojos
y no hay nada a parte de mí, sino las piedras
los pesos donde aguardo.
La sustancia prevalece después del rito
después del cambio,
para ser tirado en la hoguera
ante los mismos,
por los mismos
que prevalecen en su altar
con voces y ecos,
con la cuerda en la mano.

La sombra de Sísifo

Soy un germen,
todo cae sobre mí.
Aplastar es la obra
y morir despacio.
El suelo me abraza sin que lo pida,
sin que me oigan respirar.
Muchos hijos se esconden,
esconderse es morir,
el silencio es morir.
Me aferro al humo
a la sustancia que persiste en la sangre.
A veces pienso en esta libertad.
Todo cae despacio, sin que lo pida
sin que lo notes.

No te levantes
el equilibrio es la mesa,
las migajas que caen,
alimentan a tus ciervos
que se aferran al plato y esperan
como cuervos a veces.
Sacude la silla,
no habrá espacio para la tentación
el hombre debe permanecer en el pensamiento,
acudir a la escritura.
A todo ser que se halle en la tierra
y revelar su nombre.
No escupir ni ahogarse de pan.
Deberá rehacerse en la migaja
y en su contra.
Oponerse a la curva,
aunque padezca de la mano
que no levanta.

Post data

Ayer le arranqué la carne a un becerro
y en su piel escribí las iniciales
de todos los que se encontraban en la mesa,
con el ojo ensombrecido
porque la luz del candil no llegaba a alumbrarnos,
ni las aguas del plato a limpiar
el hedor de los cuerpos,
la sangre que desprendían nuestras manos.
Ayer levanté la mano contra ti
y comimos de tu carne.
Un testimonio que nos permitiera ahogar,
ahogarme en un jarabe extenso,
amargo como la escritura.
Por alzarte, nos alzamos.

De los autores

Miguel Aroldo Osoria Rodríguez, Baire, Santiago de Cuba, 1948. Tiene una Licenciatura de Idioma inglés (1969) y una en Matemática (1989). Ha sido Maestro Primario (1975) y Profesor de Matemática (1980)

Edilberto Rodríguez Tamayo, San Germán, Holguín, 1954. Ingeniero, periodista y escritor. Se ha desempeñado además como guionista de programas de radio y televisión. También como director y locutor de programas de radio. Textos suyos aparecen en las revistas: Caimán Barbudo, SIC, Ámbito, Diéresis, El mar y la montaña, Verde Olivo y Videncia, entre otras. Ha publicado los libros de cuentos *Berenice que estás por los cielos*, que alcanzara el Premio Abril y fuera publicado por esa misma editorial en 1996. Otro libro suyo, *Tristes caballos azules*, fue publicado por Editorial Holguín, 2006 y en el año 2000, el poemario *El tiempo de tu ciudad*, también por la casa editora de la ciudad de Holguín.

Jorge Matos, Santiago de cuba, 1965. Tiene una Licenciatura en Arte de los Medios de Comunicación Audiovisuales en el perfil de dirección por el I.S.A. en la filial de Holguín (1999). Actualmente trabaja como docente en el Departamento de Comunicación Social de la Universidad de Oriente. Poemas suyos aparecen publicados en: *La canción de hoy*, antología poética. Conservador de la ciudad de Santiago de Cuba, 2003. *Dadme mi lira*, antología poética. Conservador de la ciudad, Santiago de Cuba, 2004. *Antología Premio Nósside 2012, 2014* y *2015*. Sus poemas aparecen publicados en las revistas: Revista Viña Joven 2013, Revista SIC Nro. 59 2014, Revista del Caribe, Nro. 62-63, 2014, Revista Entre deux Rives, París. Tiene publicado el poemario *Días de papel*. Ediciones Santiago, 2006.

Domingo González, Contramaestre, Santiago de Cuba, 1967. Tiene una Licenciatura en Educación en la especialidad de Educación Laboral y Dibujo Técnico con 18 años de trabajo, también es técnico en informática. Textos suyos aparecen recogidos en las antologías: *Aduanas de aire* y *Estaciones de la naranja*. Tiene publicado el poemario *Orden del día* (Ediciones Santiago, 2003). Obtuvo el premio en la VII edición del Concurso Nacional Fidelia, que auspicia la UNEAC y el Centro del Libro en Granma. Fue mención del Concurso Nacional de Poesía Medalla del Soneto Clásico.

Luis Milán Fernández, Santiago de Cuba, 1970. Tiene un título de Dr. en Medicina. Obtuvo el Gran Premio de los XIV Juegos Florales, Santiago de Cuba, 2009. Tiene publicado los poemarios: *Los que quedaron sin nacer*, *Por la sombra de un beso detenido*, *Sentado en la verde piedra* y *Cantos a Lisandra*. Actualmente reside en Houston, Texas. USA.

Iliana Rosabal-Pérez, Palma Soriano, Santiago de Cuba, 1970. Tiene una licenciatura en Letras (1993) y una maestría en Estudios Cubanos y del Caribe (2004) de la Universidad de Oriente, Santiago de Cuba. Es graduada, además, en *Spanish, Digital Film Production, and Communication Arts* en Wayne State College, Nebraska, USA en 2023. Poetisa, ensayista, e investigadora, se ha desempeñado básicamente como profesora de Arte, Literatura, Lengua Española y Comunicación Turística en la Universidad de Oriente (UO) de Santiago de Cuba por dos décadas y actualmente como profesora de español como segunda lengua en la Universidad de Nebraska-Lincoln, USA. Obtuvo el Gran Premio de Poesía en el Concurso "Palma Real" en Torino, Italia (2001) y el Premio Accésit del Jurado en los XIV Juegos Florales, Santiago de Cuba (2009). Tiene publicado los poemarios:

Escrituras del límite (Ediciones Santiago, 2007) y *Lluvia en las dunas* (Ediciones Laponia, Houston TX, 2020). El último poemario, *Quinta necesidad*, está en proceso de edición en la editorial universitaria de Wayne State College. Actualmente vive en Lincoln, Nebraska, USA.

Osmel Valdés Guerrero, Baire, Santiago de Cuba, 1971. Narrador y poeta. Tiene una Licenciatura en Estudios Socioculturales. Actualmente trabaja como Instructor de Literatura en Casa de Cultura de Baire. Egresado del Centro de Formación Literaria Onelio Jorge Cardoso. Obtuvo Mención en el Concurso José María Heredia, 2008 con la noveleta para niños *Historia de una botella*. Tiene publicado los poemarios: *La ira del cordero*, 1994; *Coda final*, 2004 y la novela corta *Historia de una botella*, 2015.

Whigman Montoya Deler, Santiago de Cuba, 1973. Tiene una Licenciatura en Letras (2000) y una maestría en Estudios Cubanos y del Caribe (2006) de la Universidad de Oriente, Santiago de Cuba. Ha sido profesor de español como lengua extranjera por más de 14 años en la Universidad de Ciencias Médicas de Santiago de Cuba, la Universidad de La Habana y *Tianjin Foreign Studies University*, Tianjin, China donde además impartió Literatura Española y Latinoamericana. Fue profesor de Historia de la Cultura de Iberoamérica y el Caribe en la Facultad de Español como Lengua Extranjera de la Universidad de La Habana. (FENHI). Es editor y codirector junto a Jorge Venereo Tamayo de Ediciones Laponia LLC. Obtuvo una mención en la 16 edición del concurso de Poesía Luisa Pérez de Zambrana en el año 2001. Algunos de sus poemas están publicados en las antologías: *Impertinencia de las dípteras*, 2019 Ediciones Exodus, Miami; *30 poesías eróticas*, 2020 Editorial Anuket, Argentina y la antología para temas LGBTQ

Orgullo e identidad, 2022 auspiciada por la Revista Cardenal. Ha publicado el libro titulado *El Lyceum y Lawn Tennis Club: su huella en la cultura cubana*, 2017 Uno&Otros Ediciones, Miami; los poemarios *El oscuro bosque de mis manos*, 2019 Ediciones Laponia y *Nudo gordiano*, 2021 Ediciones Laponia y la segunda edición ampliada del *El Lyceum y Lawn Tennis Club: su huella en la cultura cubana*, 2022 Ediciones Laponia. Actualmente vive en Houston, Texas. USA.

Marieta Machado Batista, Santiago de Cuba, 1975. Graduada de Procesos biológicos y laboratorio clínico (1996) y también de Bachiller en estudios Bíblicos y teológicos por el Seminario Ecuménico de Teología de Matanzas(2020) donde cursa la licenciatura. Actualmente trabaja para el área de Liturgia en el Centro Cristiano de Capacitación para el Servicio Social Bartolomé Lavastida. Obtuvo el 1er Premio Accésit Rumbo a gaza, 2017 y Premio de Redes de Solidaridad y Esperanza, Puerto Rico y el Premio Colateral de la Dirección Provincial de Casas de Cultura en los Juegos Florales, 2022. Textos suyos aparecen en la *Revista Viña Joven* número 68 y en la compilación de *Cuentos teológicos, Reimaginar desde el vientre*, publicada en Ecuador en marzo del 2020.

Carlos I. Naranjo-Pacheco, Santiago de Cuba, 1975. Profesor y trabajador social cubanoamericano. Tiene una Licenciatura en Lengua Inglesa (1998) de la Universidad de Oriente, Santiago de Cuba. Su poesía ha sido incluida en las antologías *poéticas Balseros*, 2015, *Segunda antología poética Eliluc*, 2015, *Versos paralelos*, 2015, el poemario internacional *No resignación* (2016) e *Impertinencias de las dípteras*, 2019. Tiene publicado los poemarios: *Irónicamente positivo*, 2013, *Copos en la piel*, 2017 y *Los cantos de Pandora* 2019.

Yulexis Ciudad Sierra, Santiago de Cuba, 1977. Tiene una licenciatura en Estudios Socioculturales de la Universidad de

Oriente (2010). Trabajó como profesora de idiomas en la Associação Cultural Brasil-Estados Unidos 2015-2019. Es egresada del Centro de Formación Literaria Onelio Jorge Cardoso, La Habana 2002. Fue Mención en cuento y Segundo Premio del público en poesía y cuento en los X Juegos Florales del Tercer Milenio en Matanzas 2011 y Premio del Grupo Décima al filo, al mejor texto escrito por mujer, Camagüey 2016. Textos suyos aparecen en diversas antologías: *La revelación absurda*, Ediciones Bayamo 2001; *Pata peluda y otros cuentos*, Grupo Editorial Norma, República Dominicana 2007; *Estaciones de la naranja*, Ediciones Santiago 2007; *La isla en verso. Cien poetas cubanos*, Ediciones La Luz 2011 y 2014; *Once narradores santiagueros*, Ediciones Sociedarte, República Dominicana 2009; *Todo un cortejo caprichoso. Cien narradores cubanos*, Ediciones La Luz 2011, *Retoños de almendros*, Ediciones La Luz 2013; *Poderosos pianos amarillos. Poemas cubanos a Gastón Baquero*, Ediciones La Luz 2013; *El árbol en la cumbre. Nuevos poetas cubanos en la puerta del milenio*, Editorial Letras Cubanas, 2014 y *Hasta el fondo*, Ediciones Santiago 2014. Ha publicado artículos, cuentos y poesías en: la Revista Cultural Puentes, del municipio Contramaestre; Batey: Revista Cubana de Antropología Sociocultural, 2013; el periódico cultural La Campana; la Revista Mar y Pesca No. 415 de 2015, dedicada a los 500 Años de fundada la villa de Santiago de Cuba; la Revista argentina Extrañas Noches, 2019, La Hora del Café, Casa Dranguet de Santiago de Cuba, 2022. Tiene publicado el poemario *Casa de insomnio*, Ediciones Santiago 2006 y *De la opinión al verso: Antología homenaje a José Joaquín Palma y Juan Clemente Zenea*, Ediciones Bayamo 2013.

Gizeh Portuondo Vega, Santiago de Cuba, 1980. Tiene una Licenciatura en Ciencia de la Computación de la Universidad de Oriente (2002). Es graduada del Centro de Formación Literaria Onelio Jorge Cardoso (2004). Obtuvo el premio La Isla en Peso de Cuento en su primera edición del año 2008 convocado por la AHS de Guantánamo. En el 2009 obtuvo el premio del Evento Orígenes también en cuento. Mención en el Premio Calendario de Cuento, 2011. Primera Mención del Premio Oriente, 2018 y Premio Emilio Ballagas, 2019, ambos en Poesía por el cuaderno *Notas lectivas*. Textos suyos aparecen antologados en *Para subir al cielo*, Ediciones Santiago, Cuba, 2006; *11 Cuentistas santiagueros*, República Dominicana, 2013 y *Hasta el fondo*, Ediciones Santiago, Cuba 2013. En 2006 publica el libro de cuentos *Por el miedo del absurdo* por Ediciones Santiago y el poemario *Notas lectivas*, editorial Ácana, 2022.

Yorisel Andino Castillo, Santiago de Cuba, 1983. Tiene una Licenciatura en Estudios Socioculturales (2006), por la Universidad de Holguín y una maestría en Estudios de Lengua y Discursos (2022), por la Universidad de Oriente. Es Investigadora y Coordinadora de espacios teóricos de la música; profesora de Historia del Arte en la Escuela Profesional de Arte José María Heredia. Dirige la Sala de Conciertos Dolores. Trabajos de su autoría aparecen en *Clave*, revista especializada en el estudio y difusión de la música cubana. Las páginas de Caserón (UNEAC), Sic, Ventana Sur, Movimiento, El Cultural, Periódico Siboney (EGREM-Claustrofobias), etc. Su poesía aparece en las antologías *Poetas del mundo*, 2012, *Treinta y cinco poetas Cuba-Haití*, 2014 y *La noche más larga*, 2013. En el 2011 obtuvo el premio que otorga el Centro Provincial del Libro en los Juegos Florales en Santiago de Cuba, con el título *De una taquígrafa SOA*. Tiene publicada su investigación *Discursos transgresores, rupturas en el canon musical cubano*, Ensayo, Ediciones Santiago, 2015.

Anisley Díaz Boloy, Santiago de Cuba, 1984. Poeta, guionista de audiovisuales y productora. Tiene una Licenciatura en Educación Musical de la Universidad de Oriente. (2007). Trabajó como guionista de radio en la Emisora Sonido SM de Santiago de Cuba y actualmente es la Especialista en

Comunicación Cultural de la Agencia Cubana de Rap en La Habana, Cuba. Textos suyos aparecen en la *Antología de poetas latinoamericanos*, Imaginante Editorial, Argentina, 2015. Obtuvo el Primer Premio del XXX Edición del concurso de poesía Luisa Pérez de Zambrana, en el Cobre, Santiago de Cuba.

Eriakna Castellanos Abad, Santiago de Cuba, 1984. Poeta y narradora, Dra. en Medicina. Gran Premio en la XII Edición de los Juegos Florales, 2007. Aparece publicada en la Selección de narradores santiagueros: *Para subir al cielo*, compilada por Aida Bahr, Eds. Santiago, 2006. En el año 2010 publica su primer poemario: *Anatomía urbana*, Ediciones Santiago. Obtuvo el Gran Premio de los Juegos Florales 2022, en su Edición XXVI. *Los rostros de un país*, Ediciones Santiago, 2023, es su segundo poemario. Actualmente es coordinadora del Movimiento Poético Mundial en Santiago de Cuba.

Marcos Antonio Hernández Arévalo, Palma Soriano, Santiago de Cuba, 1986. Tiene una Licenciatura en Estudios Socioculturales y es graduado de teatro en la Escuela de Instructores de Arte (2005). Ha obtenido en varias ocasiones el Premio de Décima y el Premio de la Ciudad, en el concurso literario 27 de diciembre de su ciudad natal. Primer premio en los Juegos Florales Yo tallo mi diamante, Guantánamo, 2018. Premio Wilfredo Sánchez, de tema social, en el concurso nacional Ala Décima 2018. Premio de Oralidad en el Concurso Nacional Eduardo Saborit, 2019. Obtuvo la Máxima Distinción que otorga la Dirección Nacional de la Brigada de Instructores de Arte José Martí, a sus miembros, en el 2019.

Carlos Manuel Villanueva Madrigal, Palma Soriano, Santiago de Cuba, 1988. Ha obtenido menciones en los concursos nacionales: La flauta de chocolate, 2002; el de Poesía Amorosa de Sancti Spíritus, 2005; el Luisa Pérez de Zambrana, 2020; en el de literatura de Ciencia Ficción y

Fantasía Oscar Hurtado, 2021 y 2022; 2do Premio en el Concurso Nacional CUBASONETO, 2022; 1er Premio en el Concurso Internacional de Poesía Romántica de la editorial 3K, México, 2018. Ha publicado poesía y cuento en la antología infantil *Un pueblo con suerte*, Editorial Luminaria, Sancti Spíritus, 2005 y en las revistas literarias Pérgamo y Korad.

Mailin Castro Suárez Baire, Santiago de Cuba, 1988. Es graduada en Informática. Ha obtenido premio en cuento y poesía en varios encuentros debates municipales y provinciales, obtuvo el premio de poesía en el Encuentro debate Nacional 2018 y el Premio de poesía en el Concurso Patria Chica 2020, fue finalista del Viña Joven 2020 en la categoría Poesía para niños.

Ana Lisandra López Méndez, Palma Soriano, Santiago de Cuba, 1988. Tiene una Licenciatura en Ciencias de la Educación en la Especialidad de Informática y además es egresada del Centro de Formación Literaria Onelio Jorge Cardoso. Obtuvo Premio Nacional de Cuento El Hilo y la Cuerda, 2022, Villa Clara, Cuba.

Aliuska Ponce de León Soto, Manatí, Las Tunas, 1979. Tiene una Licenciatura en Historia de La Universidad de Oriente, Santiago de Cuba, 2001. Es guionista y fotógrafa. Ha publicado en las revistas Alma Mater, Sic, Río Hondo y Revista del Taller Literario de la ciudad de Santiago de Cuba. Obtuvo mención en el VIII Premio Internacional de Poesía Nicolás Guillén, México, 2005.

Sarai Soler Jordan, Santiago de Cuba, 1990. Estudió Psicología en el Año 2007. Actualmente es estudiante de Historia de la Universidad de Oriente. Obtuvo mención en el Concurso Luisa Pérez de Zambrana, Santiago de Cuba, 2017 y el premio colateral por parte del Centro Cultural y de Información Biblioteca Mons. Pedro Claro Maurice Estiú en la XXII Edición de los Juegos Florales, Santiago de Cuba. En el año 2019 se le concedió la acreditación como poeta de la ciudad de Santiago de Cuba.

Lisbeth Lima Hechavarría, Santiago de Cuba, 1995. Tiene una Licenciatura en Biología. Es Antropóloga Física y también es egresada del Centro de Formación Literaria Onelio Jorge Cardoso, La Habana, Cuba, 2014. Sus textos han sido traducidos al alemán, al francés y al polaco. Aparece publicada en varias antologías dentro y fuera de Cuba, así como en revistas literarias y compilaciones en España, México, EE.UU., Ecuador, Colombia, Argentina, Venezuela, Cuba, Austria, Polonia y otras regiones. Ha ganado los premios literarios: Casatintas, 2021; Farraluque de Literatura Erótica, 2022 y el Premio Colateral que otorgó la Biblioteca Provincial Elvira Cape de Santiago de Cuba en los Juegos Florales. Tiene publicado el libro *Rostros*, Editorial Primigenios, EE.UU. 2021; *Matices de vida*, bajo el sello editorial Libros Duendes, Ecuador en colaboración con la Agencia Literaria-Traductora Tektime en Italia, 2021 y *Bestias interiores*, Ilíada Ediciones, 2022.

Yang Tsé Bosque Hung, Contramaestre, Santiago de Cuba, 1997. Es Doctor en Medicina; es fundador del taller literario municipal Entre el Verso y la Piedra. Participó y fue productor de la Jornada Miguel Mora Fornaris 2021 así como la Jornada de la Cultura 2021 y el Festival Orígenes (online), 2021 y Presencial 2022. Participó en la Feria del Libro Contramaestre 2021, así como en la Feria Internacional del Libro Granma 2021. Poeta incansable exponente de la más joven literatura contramaestrense.

Daniel Faxas Mojena, Baire, Santiago de Cuba, 2002. Artista Visual cuyas obras han sido expuestas en galerías locales. Obtuvo Premio en concurso Literario Patria Chica, 2021. Pertenece al taller Literario El Patio de mi Casa.

Geyler Mendoza Sánchez, Contramaestre, Santiago de Cuba, 2002 Estudia la Licenciatura en Español Literatura. Es miembro del taller literario El Patio de mi Casa y obtuvo el Premio de Cuento en el Concurso Patria Chica 2020. Poemas suyos han aparecido en boletines del sistema de Casas de Cultura.

Índice

Notas del compilador

Prefacio/IX

Miguel Aroldo Osoria Rodríguez/19

Edilberto Rodríguez Tamayo/29

Jorge Matos/39

Domingo González Castañeda/49

Luis Milán Fernández/59

Iliana Rosabal-Pérez/69

Osmel Valdés Guerrero/83

Whigman Montoya Deler/93

Marieta Machado Batista/103

Carlos I. Naranjo-Pacheco/109

Yulexis Ciudad Sierra/119

Gizeh Portuondo Vega/129

Yorisel Andino Castillo/139

Anisley Díaz Boloy/151

Eriakna Castellanos Abad/161

Marcos Antonio Hernández Arévalo/171

Carlos Manuel Villanueva Madrigal/189

Mailin Castro Suárez/199

Ana Lisandra López Méndez/209

Aliuska Ponce de León/219

Sarai Soler Jordan/229

Lisbeth Lima Hechavarría/237

Yang Tsé Bosque Hung/247

Daniel Faxas Mojena/257

Geyler Mendoza Sánchez/267

De los autores/277

Versos de la otredad, 25 poetas santiagueros concluyó su proceso editorial en septiembre de 2023 en la ciudad de Houston, Texas, E.U.A.

www.ingramcontent.com/pod-product-compliance
Lightning Source LLC
Chambersburg PA
CBHW031059080526
44587CB00011B/748